Padre Antônio Vieira,

O PROFETA DO NOVO MUNDO

AQUARIANA

livros para uma nova consciência

Padre Antônio Vieira,

O PROFETA DO NOVO MUNDO

Introdução e seleção de

João Alves das Neves

EDITORA AQUARIANA

Revisão: *Maria Antonieta Santos*

Capa: *Vagner Vargas*

Editoração: *Hilda Gushiken*

As designações ortográficas seguiram as normas estabelecidas no Vocabulário Ortográfico da Língua Portuguesa da Academia Brasileira de Letras em vigor.

Dados Internacionais de Catalogação na Publicação (CIP)
(Câmara Brasileira do Livro, SP, Brasil)

Vieira, Antônio, 1608-1697.
O profeta do novo mundo / Antônio Vieira ; introdução e seleção de João Alves das Neves. — São Paulo : Aquariana, 1998.

Bibliografia.
ISBN 85-7217-054-5

1. Oratória portuguesa 2. Vieira, Antônio, 1608-1697 I. Neves, João Alves das, 1927- II. Título.

98-0873 CDD-869.5

Índices para catálogo sistemático:
1. Oratória : Literatura portuguesa 869.5

Editora Aquariana Ltda
Rua Pamplona, 935 – Conj. 11 – Jardim Paulista
CEP 01405-001 – São Paulo – SP
Tels.: (011) 288-7139 – 287-3016
Fax: (011) 283-0476
E-mail: aquariana@virtual-net.com.br
Site: http://www.ground.com.br

Sumário

I

Antônio Vieira e o Brasil

Nascido em Lisboa, aos 6 de fevereiro de 1608, Antônio Vieira chegou ao Brasil, em companhia de seus pais emigrantes, em 1614. Estudou no Colégio dos Jesuítas, em São Salvador da Bahia de Todos-os-Santos, e deu aulas mesmo antes de se ordenar sacerdote, em 1635.

Com uma formação essencialmente luso-brasileira, tanto no domínio religioso como no da formação cultural, Antônio Vieira (que morreu no dia 18 de julho de 1697, aos 89 anos, 5 meses e 12 dias) viveu mais tempo na terra adotiva que no país natal, mas jamais deixou de ser o mais destacado português e brasileiro do seu tempo. E serviu com tanto empenho Portugal e o Brasil que os confundiu num só, apesar de separados – ou unidos? – pelo Atlântico.

Somados os anos brasileiros – mais de meio século –, o Padre Antônio Vieira só voltou a Portugal em 2 de fevereiro de 1641, isto é, 27 anos após a chegada. Desembarcara ainda criança e regressou adulto, jesuíta de uma só fé, mas civicamente luso-brasileiro. E foi a Portugal em missão de caráter nacional, acompanhando D. Fernando de Mascarenhas (filho do Vice-Rei do Brasil, Marquês de Montalvão), juntamente com o Padre Simão de Vasconcelos, levando o encargo de afirmar ao novo Rei de Portugal, D. João IV, a adesão da Bahia e do Brasil à Restauração da Independência que Castela atrelara aos seus interesses, no período de 1580 a 1640.

Voltaria ao Brasil somente em 16 de janeiro de 1653, desembarcando em São Luís do Maranhão, onde em 22 de maio seguinte pregaria o "Sermão dos Escravos", primeiro de uma série em que não hesitou colocar acima dos costumes da época a dignidade do ser humano – a começar pela do escravo, fosse ele índio ou africano. Na carta que endereçou ao Rei D. João IV, em 20 de maio desse mesmo ano, defendera abertamente os índios, protestando contra a prepotência e os abusos daqueles que os escravizaram. Pioneiro do abolicionismo, raramente compreendido, mas corajosamente proclamado por ele.

Desiludiu-se com a Provisão Real de 1654, que revogou as garantias de liberdade dos índios, em favor dos quais pregou um dos seus mais extraordinários Sermões – o de Santo Antônio aos Peixes, depois do qual reembarcou com destino a Portugal, na tentativa de encontrar "o remédio" da salvação dos índios. Foi atendido pelo Rei e conseguiu a nomeação de André Vidal, em 1655, homem sério e enérgico, para o alto posto de Governador do Pará e Maranhão. Voltou ainda nesse mesmo ano ao Brasil, trazendo a Provisão Real que atribuía aos jesuítas a missão de propagar a religião cristã entre os índios. Instruções, aliás, não respeitadas, porquanto, cerca de quatro anos passados, o Padre Vieira insistiu no protesto junto do Rei D. Afonso VI, denunciando a opressão dos índios. Reclamações que desagradaram aos colonos, que forçaram a expulsão dos jesuítas e foram ao ponto de agredir fisicamente o defensor dos índios.

Proibido de viver no país de adoção, Vieira aportaria mais uma vez a Portugal, onde chegou em novembro de 1661. E, sem se deixar abater, foi ao púlpito da Capela Real, em Lisboa, na presença da Rainha-Regente D. Luísa e Gusmão, apostrofando os abusivos colonos, no decurso do "Sermão da Epifania". E outra vez enfrentou os poderosos maranhenses na *Resposta dos capítulos que deu contra os Religiosos da Companhia (de Jesus) o Procurador do Maranhão, Jorge Sampaio.* Mas o sacerdote não gozava mais dos favores da Corte, embora houvesse sido perceptor do jovem Rei D. Afonso VI. Tão mal foi acolhido que não tardou a ser desterrado para o Porto, de onde o mandaram para Coimbra, e aqui o processaram. Interrogado pelos oficiais do Santo Ofício, reagiu enquanto pôde, mas acabou sendo preso (1 de outubro de 1665), sem aguardo do julgamento. Em 2 de novembro, a situação agravou-se com a denúncia contra Vieira do administrador geral, acusado de heresia, à qual não demorou a seguir-se outra acusação semelhante do médico da Casa Real, Fernão Sardinha.

Em 23 de dezembro de 1667, a Inquisição de Coimbra privou-o "para sempre de voz executiva e passiva e do poder de pregar, e recluso no Colégio ou Casa de sua Religião, que o Santo Ofício lhe ordenar, e de onde, sem ordem sua, não sairá". Retirar-se de Portugal, nem pensar, como já o fôra em 1663, sob o pretexto de que era bem capaz de fazer propaganda contra a Inquisição, no estrangeiro. Não obstante, decorrido um ano, o incansável batalhador logrou o cancelamento da sentença (12 de junho de 1668), desde que se comprometesse a não mais versar as matérias que haviam provocado a condenação do pregador. Finalmente, no ano seguinte, foi autorizado a viajar para Roma, onde logo pôs em ação o seu objetivo principal — pedir a mudança dos "processos" inquisitoriais, em Portugal. E, nessa altura, advogou também a causa da canonização dos denominados "Mártires do Brasil".

Graças ao Breve Papal "Cum dilecti", de 5 de outubro de 1674, os cristãos-novos puderam recorrer perante a Santa Sé das decisões do Santo Ofício, medida que se ajustou como uma luva às sugestões apresentadas pelo Padre Vieira. E no outro Breve Pontifício (2 ou 11 de novembro de 1674) foi enviado ao príncipe regente de Portugal, defendendo os puros princípios do Catolicismo. A Justiça é morosa (e às vezes nem vem), mas em março de 1675 o Vaticano anulou o processo do Santo Ofício, declarando o Padre Antônio Vieira "perpetuamente isento da jurisdição inquisitorial". No regresso a Lisboa, pôde observar que as autoridades não apreciaram a defesa do pregador jesuíta a favor dos cristãos-novos.

A fama do pregador, do evangelizador e do lutador espalhara-se por toda a parte, porque o Padre Vieira encantava os fiéis de Portugal e do Brasil, assim como os da Itália, e a Rainha Cristina da Suécia, que escutou o luso-brasileiro em Roma, convidou-o para seu confessor. Era a tranqüilidade financeira e social, mas o pregador não aceitou, pois já optara pela volta ao Brasil, partindo em fevereiro de 1681. Finalmente, em 7 de março é publicada a lei de proteção aos índios — com a antecedência de cerca de 200 anos!

Em maio de 1688, outro modo de reconhecimento pela ação desenvolvida por Antônio Vieira: chegou à Bahia a patente da sua nomeação para o elevado cargo de Visitador da Companhia de Jesus, em todo o Brasil. Era a verdadeira recompensa para aquele que tinha sido perseguido por colonos, inquisidores e até por alguns dos seus companheiros de Ordem. No entanto, ele já não poderia fazer longas viagens, a fim de averiguar "in loco", como certamente desejaria, as missões jesuítas fundadas através do imenso território brasileiro. Permaneceu no cargo até 1691.

Problemas não lhe faltaram: na carta que remeteu em 12 de abril de 1689 ao Bispo de Olinda, D. Matias de Figueiredo e Melo – que na altura assumira também o posto de Governador da Província de Pernambuco, por ter falecido o titular –, o Padre Vieira, revestido da condição de Visitador dos Jesuítas, pede clemência para dois jesuítas presos por terem acolhido um militar fanfarrão que, contra as ordens dadas, entrara armado em Olinda. Acossado pelas tropas, o militar pediu abrigo no Colégio dos Jesuítas, onde o receberam. O Bispo-Governador mandou cercar o Colégio e prender o exibicionista e os padres que se julgaram superiores ao poder civil. D. Matias não atendeu Vieira, embora este fosse um amigo, conforme se depreende da carta e de, pelo menos, duas recomendações do Jesuíta Visitador para que D. Matias sucedesse ao Arcebispo da Bahia — uma delas endereçada ao Desembargador do Paço Real, Diogo Marchão Temudo (em 26 de Junho de 1691) e a outra ao Duque de Cadaval: "Levou Deus para si o Arcebispo, que era grande prelado, e, como tal, acabou a vida no mais trabalhoso exercício de sua obrigação, visitando a diocese e morrendo em um deserto. Deseja-se que lhe suceda o Bispo de Pernambuco, que por estar tão perto pode suprir sua falta mais brevemente, e governar o bispado com grande opinião de zelo, e maior satisfação das ovelhas e clero que o mesmo Arcebispo. Também concorre nele o não ser frade, pelos ciúmes de cinco religiões que há neste Estado, o qual desde o seu princípio andou sempre em clérigos. Creio que nesta eleição, se V. Exa. a aprovar, consolará S.M. em grande o desgosto geral."(2/7/1691).

Embora não atendido por D. Matias, o Pe. Vieira não se agastou: a carta em que pedira clemência para os padres era de 12 de abril de 1689 — e nem por isso o homem superior que foi se deixou perturbar pela atitude do Bispo de Olinda, que era homem de grande cultura, nomeado bispo aos 30 anos de idade e que, ao morrer com apenas 36 anos foi chamado de "Bispo Santo" pelos pernambucanos, pois se desfazia de todos os bens terrenos — e até de alguns que, parece, eram da Igreja — para matar a fome daqueles que perderam as colheitas, após uma grande seca, na região.

Acabou-se a vida do Padre Antônio Vieira em 18 de julho de 1697, mas não desapareceram os resultados da sua extraordinária obra como missionário, nem tão pouco a do educa-

Pe. Antônio Vieira Convertendo os Índios do Brasil, litografia do Arquivo Histórico Ultramarino, Lisboa.

dor, do evangelizador, do diplomata e, sobretudo, do emérito professor que se impôs à consideração do povo, da hierarquia católica e até dos nobres com os seus Sermões e Cartas, por haver sido um fiel intérprete da Lei de Deus e, por isso mesmo, da dignidade que a todos assiste, em especial aos perseguidos, a exemplo dos escravos índios e africanos, assim como aos cristãos-novos e aos judeus. Um homem que foi verdadeiro apóstolo, que não teve a canonização que merecia por suas obras, provavelmente porque as suas idéias generosas nunca deixaram em sossego os espíritos de má fé.

A PAIXÃO PELO BRASIL

Mais de meio século no Brasil, com algumas incursões a Portugal, marcaram definitivamente a existência de Antônio Vieira. É neste país que se realiza, missionando, defendendo os índios e africanos, apresentando sugestões que fazem prosperar a grande nação atlântica. Luta contra os invasores holandeses, ora despertando os ânimos até à expulsão dos invasores holandeses, ora agindo com rara diplomacia pela unidade e autonomia do território brasileiro. É o servidor de todos os perseguidos, escravos e judeus, para os quais reivindica os direitos que lhes são devidos. Enfrenta os poderosos, desde os exploradores dos pobres aos que abusavam do poder político, embora sabendo que eles jamais o perdoariam e se vingariam na primeira oportunidade. Os inquisidores só esperaram o momento propício para o envolver nas suas malhas obscurantistas e, por fim, logram enredá-lo num processo tortuoso, até condená-lo à prisão, da qual o sacerdote consegue escapar ao fim de muitos anos de luta. E sonha: é do Brasil que envia a esperançosa carta ao Pe. André Fernandes, Bispo do Japão, na qual se acha a gênese da *História do Futuro:* "A matéria é muito larga, e não para se escrever tão de caminho, em uma canoa em que vou navegando ao rio das Amazonas, para mandar este papel em outra a alcançar o navio que está no Maranhão de partida para Lisboa"...

A miragem que deslumbrará os sebastianistas do futuro e que tantas raízes sedimentaram Portugal e o Brasil, conforme testemunharam Antônio Conselheiro e outros sonhadores sebastiânicos, desde os autenticamente conversos aos oportunistas de ontem e de hoje. Documentam essa influência *Os Sertões* de Euclides da Cunha, a *Pedra Bonita* de José Lins do Rego, juntamente com *A Pedra do Reino*, de Ariano Suassuna e quantas mais obras literárias do Brasil, ao lado, é claro, de autores portugueses, com realce para as mensagens de *Fernando Pessoa* e de outros.

Sofreu naufrágios, dores físicas e morais, foi preso por corsários e encarcerado por seus próprios pares. Não desistiu nunca do projeto do Quinto Império. Arriscou, ganhou e perdeu. Teve planos fantásticos, como aquele que poderia ter modificado a face do Brasil, chegando a defender a tese (e não só ele) de um Reino Autônomo no Brasil, na pessoa do rei D. João IV. Vários ensaístas e historiadores se referem ao incrível projeto, resumido por Antônio Sérgio, em decorrência dos contatos do Pe. Vieira com o Cardeal Mazarino, em Paris, no ano de 1647: "Como ficassem indecisas as negociações com a Holanda, o rei português, na angústia dos perigos que lhe rondavam o trono (não tinha somente contra si Castela, mas conspiradores poderosos, em seu próprio reino) quis tudo para conquistar a França e ordenou a Vieira que para lá partisse, a propor o casamento de D. Teodósio, o filho primogênito de D. João IV, com a filha do duque de Orleans (irmão de Luís XIII, o falecido rei). A dama cuja mão se desejava para o príncipe era a romântica e impetuosa combatente da Fronda, conhecida pelo nome de 'la grande Mademoiselle' (prefácio ao 1º volume das *Obras Escolhidas* de Vieira). Para ganhar por aí a aliança francesa, resignava-se o monarca a passar ao Brasil (que se tornava independente), ficando em Portugal, na qualidade de rei, o nosso jovem príncipe, e, durante a menoridade deste último, o duque de Orleans como regente." E acrescenta Sérgio: "A fertilidade imaginativa de Vieira e o empenho, em que se achava, de manter, a todo o transe, a independência de Portugal, justificam plenamente que se lhe atribua a paternidade do projeto, até mesmo porque a elevação deste último a Reino, pouco mais de século e meio mais tarde, com Dona Maria I e o Regente Dom João?"

Entretanto, Vieira não deixava de pensar na evangelização do Brasil, meta que tanto o animou e que está bem documentada na carta ao Provincial, Pe. Francisco Gonçalves: "Havendo de ser as residências três, e havendo de se tratar das missões e conversões do Grão-Pará, e rio das Amazonas, que é o que principalmente se pretende, não se pode acudir a isto tudo como convém, com menos de dezoito ou vinte sujeitos, os quais Deus sustentará com a providência que costuma, aos que por se empregarem todos em seu serviço, não reparam em comodidades próprias: um punhado de farinha, e um caranguejo, não nos pode faltar no Brasil". E propunha dar 50 mil-réis dos seus proventos: "(...) e como a renda se não há de pagar na Bahia e Rio de Janeiro, tomando-a os dois colégios em si, e mandando-nos açúcares da sua lavra, com que nos façam esmola dos melhoramentos da sua liberdade, empregando tudo aqui nos gêneros mais necessários ao Maranhão, sempre virá a chegar lá muito acrescentado". Juntaria às esmolas o resultado da venda dos *Sermões:* "E quando não haja outras, resolver-me-ei a imprimir os borrões de meus papelinhos, que segundo o mundo se tem enganado com eles, cuida o Padre Procurador Geral que poderá tirar da impressão com que sustentar mais dos que agora vão."

Os problemas não eram só estes: em carta de 6 de julho de 1686 ao Conde de Castanheira, o pregador observara que os ministros "tão exatos são em arrecadar os tributos do Brasil, e inventar outros de novo, em que tudo não só se vai arruinando, mas está quase arruinado". Sobejavam aos lavradores do Brasil "os frutos por falta de quem lhes serve". Pena que, "havendo leis e forcas para os outros ladrões e homicidas, só para estes que roubam e matam um Estado tão benemérito não há castigo", pelo que "com esta contínua extração está acabada e exausta de todo a moeda, e se pede a Sua Majestade o único e último remédio de a haver provincial no Brasil."

Era arriscado até ao destemor com que enfrentava "qualquer dos maiores vultos de Portugal", sublinha Ivan Lins: "Evidenciou Vieira, ao formar-se no Brasil seiscentista, serem as plagas americanas capazes de herdar e desenvolver o cabedal de cultura e civilização, recebido dos descobridores, passando, assim, a participar dos esforços e lutas comuns em prol do maior aprimoramento e bem da humanidade."

A OBRA E O HOMEM

João Lúcio de Azevedo, um dos principais biógrafos de Vieira, considerou-o "um filho genial da raça lusa, singular em tudo e, pelo que de sua vida pertence ao Brasil, quase mais de lá que da pátria nativa". Quem discordará se a ação diplomática do orador que a todos deslumbrou se foi cumprida a favor de Portugal nunca perdeu de vista o Brasil, Hernâni Cidade vai mais longe ao sublinhar que ele foi "homem de ação por imperativo da própria natureza e por orientação educativa como orador ou epistológrafo, havia necessariamente de utilizar a palavra falada ou escrita como instrumento de ação".

Para Ivan Lins, Vieira foi "o primeiro liberal abolicionista da modernidade pelas suas considerações a propósito dos escravos e da desumanidade dos senhores", ao mesmo tempo que se revelou "inesgotável fonte de ensinos e de toda espécie sobre história, teologia, política, filosofia e moral, compendiando nas suas cartas e sermões não só os conhecimentos, como os sucessos de sua época, tornando-se, sob esse aspecto, tão instrutivo para os leitores de hoje como um Santo Agostinho ou um São Bernardo entre os antigos cristãos, um São Pedro Damião ou um São Bernardo entre os medievais, e um Bossuet ou um Fénélon entre os modernos".

Assim o entendeu também Fernando Pessoa, para quem Antônio Vieira foi um dos maiores prosadores do idioma. Chorava, ao ler os Sermões e Cartas, impressionadíssimo com o estilo claro e incisivo do pregador. E dessa admiração foi o poeta à síntese felicíssima, quando, inspirado em Vieira, confessou: "Minha Pátria é a Língua Portuguesa". Uma língua sem fronteiras, pois está presente nos cinco Continentes.

Ninguém melhor do que ele se explicou, no prefácio aos *Sermões:* "Assim como foram pregados ao acaso, e sem ordem, assim tos ofereço. Porque hás de saber que, havendo trinta e sete anos, que as voltas do mundo me arrebataram da minha província do Brasil, e me trazem pelos da Europa, nunca pude professar o exercício de pregador, e muito menos o de pregador ordinário, por não ter lugar certo, nem tempo: já aplicado ao serviço de Deus e da Pátria, já impedido de minhas freqüentes enfermidades, por ocasião dos quais deixei de recitar alguns sermões, não poucos, que já tinha prevenidos, e também, agora, se darão à estampa."

Não conseguiu terminar o *Clavis Prophetarum,* por meio da qual se "abre nova estrada à fácil inteligência dos profetas, e tem sido o maior emprego dos meus estudos". O sonho do Quinto Império que, definido por Antônio Vieira, veio a marcar as reações de fanáticos, como foi o caso de Antônio Conselheiro, e de poetas de alta estirpe, como aconteceu com Fernando Pessoa. No Sermão de 6 de fevereiro de 1608, a propósito de Santo Antônio de Lisboa – que morreu em Pádua – tem-se a impressão de que por vezes Vieira se auto-retratou: "É glória singular do reino de Portugal que só ele entre todos os do mundo, foi fundado e instituído por Deus. (...) E se Antônio era a luz do mundo, como não havia de sair da Pátria? (...) Saiu como luz do mundo e saiu como português. (...) Assim o fez o grande Antônio, e assim era obrigado ao fazer, porque nasceu português. (...) Quis Cristo que o preço da sepultura dos peregrinos fosse o esmalte das armas portuguesas, para que entendêssemos que o brasão de nascer portugueses era obrigação de morrer peregrino: com as armas nos obrigou Cristo a peregrinar, e com a sepultura nos empenhou a morrer. (...) Nascer pequeno e morrer grande, é chegar a ser homem. Por isso nos deu Deus tão pouca terra para o nascimento, e tantas para a sepultura. Para nascer, pouca terra; para morrer toda a terra: para nascer, Portugal; para morrer o mundo. (...) Não é pois de admirar que a grande previsão messiânica e portuguesa: *Todos os reinos se unirão em ceptrom, todas as cabeças obedecerão a uma suprema cabeça, todas as coroas se rematarão em um só diadema, e este será peanha da Cruz de Cristo."*

Bibliografia

CARTAS do Pe. Antônio Vieira, org. e pref. *Mário Gonçalves Viana.* Porto, Domingos Barreira, s/d.

HISTÓRIA do futuro, Pe. Antônio Vieira, introd. *Maria Leonor Carvalhão Buescu.* Lisboa, Imprensa Nacional/Casa da Moeda, 1982.

OBRAS escolhidas do Pe. Antônio Vieira, org. e pref. *Antônio Sérgio & Hernâni Cidade.* Lisboa, Sá da Costa, 1951.

SEBASTIANISTAS no Brasil. In:______. *Temas luso-brasileiros,* João Alves das Neves. São Paulo, Conselho Estadual de Cultura, s/d.

SERMÕES do Pe. Antônio Vieira / Problemas sociais e políticos do Brasil, org. *Antônio Soares Amora.* São Paulo, Cultrix, 1995.

SERMÕES e cartas do Pe. Antônio Vieira, org. *Ivan Lins.* Rio de Janeiro, Ouro, 1966.

II

O Padre Antônio Vieira, doutrinador dos sebastianistas

As manifestações sebastianistas, tanto em Portugal como no Brasil, foram inúmeras e chegaram a envolver, por vezes, milhares de pessoas, conforme atesta a destruição de Canudos, para citar apenas uma das suas mais trágicas facetas.

Aliás, até mesmo antes do reinado de D. Sebastião já havia vaticínios antecipando os "cristãos atrevimentos" que conduziriam o jovem monarca à morte, em Alcácer-Kibir, em 1578. Depois é que se multiplicaram, através das *Trovas do Bandarra*, de Luís de Camões e de outros poetas, conforme nos adiantam escritores até do século XX, incluindo Fernando Pessoa. A verdade é que esta inclinação mística que se acentuaria com o desaparecimento do "Desejado" vem já na Bíblia e os portugueses, sebastianistas ou estudiosos do fenômeno, somente tentaram revivê-lo através da História e da Literatura.

Um dos mais seguros analistas do sebastianismo e da obra do Padre Antônio Vieira foi indiscutivelmente o historiador e ensaísta João Lúcio de Azevedo, segundo o qual a crença messiânica num salvador, capaz de resolver os problemas da Pátria e projetá-la universalmente, não pode ser ignorada na história dos portugueses: "Surge em um período de aparente grandiosidade, quando já todavia a estrela fulgente de África e da Índia entrara em declínio; afirma-se na catástrofe em que perdemos a autonomia; alenta-nos nas horas tristes da sujeição a Castela; triunfa com a independência; decresce em seguida na apatia reinante; e revive no tempo da invasão francesa, com fé igual à que animava os crédulos espíritos dos anos subseqüentes ao desastre de Alcácer-Quibir".

Outros autores contemporâneos sublinharam esse espírito, animando-o ou escalpelizando-o, como fez Antônio Sérgio. O *Frei Luís de Sousa,* de Almeida Garrett, é outro sopro do remanescente sebastianismo, enquanto o historiador Oliveira Martins o considerou imprescindível para a compreensão da índole dos portugueses. E por aí fora.

Antônio Nobre, com o seu poema "O Desejado", terá sido também um sebastianista fora de tempo. Mas não ficou só, porque atitude não muito afastada foi assumida, mais tarde, pelo poeta Teixeira de Pascoais. E vários outros, com relevo para Fernando Pessoa, que proseou e poetou em torno do Quinto Império, na trilha que o Padre Antônio Vieira havia aprofundado:

"Grécia, Roma, Cristandade,
Europa — os quatro se vão
Para onde vai toda a idade.
Quem vem viver a verdade
Que morreu D. Sebastião."

Sem dúvida, esta mensagem da *Mensagem* é inequívoca, assim como o verso: "O mito é o nada que é tudo". E assim se explica que nas horas difíceis o povo se tenha voltado para o impossível regresso de D. Sebastião. Foi por ambição ou loucura que em Portugal e no Brasil vários se fizeram passar por D. Sebastião, como remédio para todos os males. Era o sonho transmudado em esperança, como se esta fosse realizada:

"Que importa o areal e a morte e a desventura
Se com Deus me guardei?
É o que eu me sonhei que eterno dura,
É esse que regressarei."

A par dos sebastianistas convictos ou fantasiosos, de D. Sebastião, tanto em Portugal como no Brasil, a crença espalhou-se, conforme observa João Lúcio de Azevedo: "A crença messiânica em um Salvador, que há de remir a Pátria e exaltá-la no domínio universal, não é, como o ceticismo da nossa época nos inclina a julgar, fato somenos, na história da nossa raça, que por espaço de quase três séculos a acariciou". E hoje ainda há sebastianistas: na ilha dos Lençóis, que fica perto de São Luís do Maranhão, "muitos habitantes (...) crêem no rei Sebastião", noticiou a *Folha de S. Paulo* (17/3/1996) e a TV Globo ao indagar, em Lençóis, o que pensava um menino acerca do futuro teve a seguinte resposta: "Espero o rei D. Sebastião"...

Não somente na literatura portuguesa mas também na literatura brasileira são fortes os vestígios da onda sebastiânica, desde o já clássico *Os Sertões*, de Euclides da Cunha, passando pela ficção de *Pedra Bonita* (de José Lins do Rego), de *A Pedra do Reino* (de Ariano Suassuna) e de outros autores (quer do Brasil, quer de Portugal), cuja inspiração vem de origem nitidamente popular, através das *Trovas* de Bandarra e dos antigos folhetos de cordel, decorados pelo povo.

O que nem sempre se diz é que todas estas profecias foram insufladas por Antônio Vieira, nos *Sermões* e *Cartas*, assim como na *História do Futuro* e na inacabada *Clavis Prophetarum*, conforme assinala João Lúcio de Azevedo: "Desde 1649, talvez antes, lançara no papel as primeiras linhas da *História do Futuro*. (...) E daí continuou a obra do extenso plano"...

O pensamento vieiriano sobre o Quinto Império, a *História do Futuro* e a desaparecida *Clavis Prophetarum* (de que somente se conhece um resumo, feito pelo Pe. Carlos Antônio Casnedi) pode ter começado a desenvolver-se em 1649, mas está bem explícito na carta de 29/4/1659 ao Bispo do Japão,

Pe. André Fernandes – o documento de que se utilizou o Santo Ofício para condenar o Pe. Vieira ao silêncio.

Leitor atento de Antônio Vieira, o poeta Fernando Pessoa haveria de tornar-se, neste século XX, uma das principais vozes do Sebastianismo, em boa parte influenciado pelo pregador, como se deduz do poema significativamente intitulado "Antônio Vieira": depois de citar El-rei D. Sebastião, Fernando Pessoa recria a visão vieiriana: "A madrugada irreal do Quinto Império/Doira as margens do Tejo."

III

O Quinto Império – de Vieira a Fernando Pessoa

Antônio Vieira

O céu strella o azul e tem grandeza.
Este, que teve a fama e à glória tem,
Imperador da Língua Portuguesa,
Foi-nos um céu também.

No immenso espaço seu de meditar,
Contellado de fórma e de visão,
Surge, prenuncio claro do luar,
El-rei D. Sebastião.

Mas não, não é luar; é luz do ethereo,
É um dia; e, no céu amplo de desejo,
A madrugada irreal do Quinto Império
Doira as margens do Tejo.

Datado de 31-7-1929, este poema de Fernando Pessoa está na série de "O Encoberto" de "Os Avisos" da *Mensagem*, "um livro de poemas, formando realmente um só poema". Definição do autor que, por si só, releva o alto significado do único volume publicado em vida do poeta que foi muitos num só e que, por isso, não ficou imune ao sebastianismo, confirmou o Quinto Império e abriu as portas a outros conceitos do Ocultismo.

Dir-se-á que no poema "Antônio Vieira", o criador da *Mensagem* dá a chave com que nos introduz nas profecias pregadas pelo padre que tão perfeitamente consubstancia as ligações espirituais de Portugal com o Brasil: como se fosse uma estrela, alcançou a fama e a glória, foi na terra o navegador da nau que haveria de conduzir-nos ao céu. Português, porém, o verdadeiro "imperador da Língua Portuguesa", síntese para lá do idioma e testemunha de uma cultura invulgar. Constelado e visionário de D. Sebastião, fonte do que, aparecendo irreal, tornar-se-ia o Quinto Império, cujo núcleo estava nas margens do Tejo.

Tanto este poema como outros 10 foram assinados com data de 1928, o ano entre todos mais prolífico da *Mensagem*, o que reforça a hipótese – ao contrário do que por vezes se diz – de que o livro foi preparado para um concurso literário (acerca do qual ainda fazem confusão os que não conhecem o regulamento do prêmio com que foi distinguida a obra). Toda a razão fica com o biógrafo João Gaspar Simões quando, após referir as "ressonâncias" da *História do Futuro*, viu no livro "a 'mensagem' que Portugal podia e devia esperar", por se tratar de "uma 'mensagem' de cultura, uma reforma da inteligência, uma lição de civismo". Raros a entenderam, ainda que *Mensagem* possa consolar "os espíritos cuja pátria é de fato deste mundo". Quer dizer, não a entenderam aqueles que do poema aguardavam "lisonja"ou "estímulo" – palavras de J.G. Simões – para uso político (a excepção foi Antônio Ferro).

Através das leituras de Antônio Vieira, Fernando Pessoa terá sido levado a associar, numa mesma idéia, o seu sentimento patriótico e o sentimento de redenção da Pátria que ele sentia profundamente abatida", assinala o biógrafo, que salienta: "Se foi o padre Antônio Vieira quem incutiu no adolescente recém-chegado do exílio africano o sentimento patriótico e o sentido concreto do messianismo político nacional, o certo é que na mesma teosofia Fernando Pessoa iria encontrar a necessária fundamentação da sua ideologia política."E não só: à luz dos documentos divulgados nos últimos anos, é possível averiguar a rota pessoana, embora não deva omitir-se o grande peso da herança vieiriana, já patente no primeiro texto publicado em 1912 (na revista *A Águia*) sobre a poesia, o "supra-Camões" e a profecia sobre "a futura criação social da Raça portuguesa", anunciada pelo então jovem autor: "E a nossa grande Raça partirá em busca de uma Índia nova, que não existe no espaço, em naus que são construídas 'daquilo de que os sonhos são feitos'. E o seu verdadeiro e supremo destino, de que a obra dos navegadores foi o obscuro e carnal antearremedo, realizar-se-á divinamente."

Vieira, a fonte

Paralelamente às origens do pensamento de Antônio Vieira na obra pessoana, são inúmeras as fontes diretas, principalmente as contidas no volume 1° do *Livro do Desassossego*, porém quase sempre de forma superficial: "As palavras são para mim corpos tocáveis, sereias visíveis, sensualidades incorporadas". Fialho e Chateaubriand faziam formigar as veias de Bernardo Soares, ao passo que Vieira, "na sua fria perfeição de engenharia sintática", o fazia tremer.

A criatura pessoana comovia-se até às lágrimas com a leitura do pregador messânico: "Lembro-me, como do que estou vendo, da noite em que, ainda criança, li pela primeira vez numa seleta, o passo célebre de Vieira sobre o Rei Salomão. "Fabricou Salomão um palácio..." E fui lendo, até o fim, trêmulo, confuso; depois rompi em lágrimas felizes, como nenhuma tristeza da vida me fará imitar. Aquele movimento hierático da nossa clara língua majestosa, aquele exprimir das idéias nas palavras, correr de água porque há declive, aquele assomo vocálico em que os sons são cores ideais – tudo isso me toldou de instinto como uma grande emoção política. E, disse, chorei; hoje, relembrando, ainda choro. Não é – não – a saudade da infância, de que não tenho saudades: é a saudade da emoção daquele momento, a mágua de não poder já ler pela primeira vez aquela grande certeza sinfônica.

"Não tenho sentimento nenhum político ou social. Tenho, porém, num sentido, um alto sentimento patriótico. Minha pátria é a língua portuguesa. Nada me pesaria que invadissem ou tomassem Portugal, desde que não me incomodassem pessoalmente. Mas odeio, com ódio verdadeiro, com o único ódio que sinto, não quem escreve mal português, não quem não sabe sintaxe, não quem escreve ortografia simplificada, mas a página mal escrita, como pessoa própria, a sintaxe errada, como gente em que se bata, a ortografia sem ipsilon, como o escarro direto que me enoja independentemente de quem o cuspisse.

"Sim, porque a ortografia também é gente. A palavra é completa vista e ouvida. E a gala da transliteração greco-romana veste-ma do seu vero manto régio, pelo qual é senhora e rainha."

Vieira, um ponto de partida para Pessoa: "O meu mestre Vieira..." Volta a mencioná-lo, a propósito de Frei Luís de Sousa (que "descrevia o comum com singularidade"). As emoções literárias eram "literais" no sebastianista: se tivesse que ler um só autor, entre o pregador e Chateaubriand, "escolheria Vieira sem necessidade de meditar".

Nas *Páginas Íntimas e de Auto-Interpretação* é porventura mais claro: "Possui a Literatura Portuguesa alguma boa prosa; Vieira é um mestre em qualquer parte, embora fosse um bom pregador. É-o por isso, e não porque se chamasse Antônio. Diz-se também que é um guia da linguagem, mas isso pode desculpar-se porque ele é um grande Maquiavel: através da sua natureza jesuíta." Virtude ou defeito? Talvez ambas as coisas.

Nem as dúvidas reduzirão o apreço de Pessoa pelo inspirador: "Quando Antônio Vieira quis basear em qualquer coisa a sua fé natural nos destinos superiores da Pátria, que coisa foi a que encontrou? As profecias desse sapateiro de Trancosco. Amou-as e as comentou o maior artista da nossa terra: o Grão-Mestre, que foi, da Ordem Templária e de Portugal. / O Bandarra, símbolo eterno do que o Povo pensa de Portugal." (in *Sobre Portugal/Introdução ao problema nacional*), volume em que se acham numerosos textos (por vezes, inacabados) acerca do Quinto Império, do Sebastianismo, incluindo naturalmente Bandarra e as profecias, ao lado das não poucas cambiantes do Ocultismo que impregnam a *Mensagem*, oriundas com freqüência dos escritos vieirianos.

Quase se repete Fernando Pessoa nas *Páginas de Estética, Teoria e Crítica Literária*: "Antônio Vieira é de fato o maior prosador – direi mais é o maior artista – da Língua Portuguesa. É por isso que foi, e não porque se chamasse Antônio. O comando da língua-mãe não vem por vaconia de nomes próprios." Duas menções a "Antônio", mas não seria o pregador do Quinto Império. Qual outro "Antônio" – o santo que foi também eloqüentíssimo pregador e que Fernando Antônio (homenagem familar ao taumaturgo nascido em Lisboa) Nogueira Pessoa nunca deixou de admirar? É bem possível.

As referências vieirianas estão longe de esgotadas, conforme a transcrição de Teresa Rita Lopes, em *Pessoa Inédito*: "Vieira. / O seu conhecimento angélico da Língua Portuguesa. / Shakespeare escreve como um anjo caído; Vieira como um divinizado, e de Milton se pode dizer a mesma coisa". A comparação vale duas palavras, se considerarmos que Milton e Shakespeare, com destaque para o poeta do teatro, são escritores paradigmáticos para o poeta português. E, por fim, outra referência que corrobora o ciclo das admirações: "(...) um conhecimento da língua seria indispensável, por exemplo, para apreciar as *Odes* de Ricardo Reis, cujo português teria a bênção de Antônio Vieira"...

"Grécia, Roma, Cristandade,
Europa – os quatro se vão
Para onde vae toda e edade.
Quem vem viver a verdade
Que morreu D. Sebastião?"

Fecha com estes versos o poema "Quinto Império" da *Mensagem*. Uma relação mais do que evidente, acentuou Yvette K. Centeno: "D. Sebastião, o Cristo do Quinto Império. Homem, esperança, símbolo." (in *O pensamento Esotérico de Fernando Pessoa*).

Outro intérprete da obra pessoana, Alfredo Antunes, dá o pregador como poeta: "Foi, depois de Vieira, o último dos grandes poetas messiânicos. Fazia o seu anúncio numa hora de angústia nacional, o que, de certo modo, representava um desafio maior à sua audácia poética. E, também como Vieira, há de recolher da sua profecia apenas a saudade da esperança por realizar ou, para voltar às suas palavras, a 'saudade imensa de um futuro melhor'." (in *Saudade e Profetismo em Fernando Pessoa*).

Enquanto o poeta espera D. Sebastião, como símbolo do Quinto Império (após a Grécia, Roma, a Cristandade e a Europa), o Padre Antônio Vieira expunha a idéia de que a duração da estátua dos impérios tivera várias idades: "A sua primeira idade, que é o tempo dos Assírios, foi idade de ouro, a segunda, que é o tempo dos Persas, foi idade de prata, a terceira, que é o tempo dos Gregos, foi idade de bronze, a quarta, que é o primeiro Império dos Romanos, foi a idade de ferro, a quinta, que é este último tempo dos mesmos Romanos, é idade de ferro e barro. E basta que nesta última idade, como decrépita daquela estátua ou daqueles Reinos se haja de levantar o *Quinto Império*, para que, com toda a verdade e com toda a propriedade, se verifique havê-lo Deus se levantar nos dias daqueles Reinos. (...) Assim que o Império que promete Daniel não é Império já passado, senão que ainda está por vir." E aponta igualmente a *História do Futuro:* "O Império que dão ou reconhecem em Cristo os que admitem e veneram nele o nome de temporal, é um domínio soberano e supremo sobre todos os homens." (...)

O princípio de Vieira e o de Pessoa é o mesmo, o que é variável é a forma: "Tudo o que abraça o mar – disse Vieira –, tudo o que alumia o sol, tudo o que cobre e rodeia o sol será sujeito a este Quinto Império: não por nome ou título, como todos que até agora se chamaram Impérios do Mundo; senão por domínio, e sujeição verdadeira. Todos os reinos se unirão em um ceptro, todas as cabeças obedecerão a uma suprema cabeça, todas as coroas se rematarão em um só diadema, e este será a peanha da Cruz de Cristo."

Cerca de 300 anos depois de Vieira, Pessoa afirmaria, no prefácio aos poemas do *Quinto Império* do seu amigo sebastianista Augusto Ferreira Gomes: "A esperança do Quinto Império, tal qual em Portugal a sonhamos e concebemos, não se ajusta, por natureza, ao que a tradição figura como o sentido da interpretação dada por Daniel ao sonho de Nabucodonosor. (...) Não é assim o esquema português. Este, sendo espiritual, em vez de partir, como naquela tradição, do Império material de Babilônia, parte, antes, com a civilização em que vivemos, do império espiritual da Grécia, origem do que espiritualmente somos. (...) A chave está dada, clara e obscuramente, na primeira quadra do Terceiro Corpo das Profecias de Bandarra." (...)

"Em vós que haveis de ser Quinto
Depois de morto o Segundo,
Minhas profecias fundo
Nestas letras que VOS pinto."

Antônio Quadros, que foi não só um analista sério do messianismo mas também da obra de Fernando Pessoa, sublinha os dois mitos tradicionais portugueses – o Quinto Império e o Sebastianista ou do Encoberto: "O primeiro trabalhara as almas por dentro, no ciclo da expansão, sendo invocado por Camões e pelo Pe. Antônio Vieira para a sua continuidade e renovação, nos séculos XVI e XVII. O segundo através do sentimento e da imaginação populares, da interpretação das trovas do Bandarra, por D. João de Castro e outros, ou das atividades dos historiadores e profetas de

Alcobaça, alimentara a esperança no regresso do Rei, que não teria morrido em Alcácer Quibir, e que regressaria numa manhã de nevoeiro para retomar os seus direitos, restaurar a nação provinciana e devolvê-la à sua glória de antanho."

As alusões de Fernando Pessoa ao ideário de Antônio Vieira são constantes e a sua incontida admiração pelo escritor da *História do Futuro* é mais do que evidente, conforme tem sido observado, de resto, por um sem número de estudiosos da obra pessoana, desde o biógrafo e ensaísta João Gaspar Simões. Não obstante, poucos abordaram diretamente essa influência, só o fazendo de passagem, na maioria dos casos. No livro sobre *Hermetismo e Utopia*, Y.K. Centeno consagra um capítulo ao "Messianismo e hermetismo: Vieira e Pessoa", mas muito pouco espaço dedica a tal influência, apesar de admitir que o livro *Mensagem* se enquadra "numa tradição mítico-hermética de que Pessoa se considera herdeiro e arauto, e que obriga o leitor a recuar até à *História do Futuro* do Pe. Antônio Vieira e ao "Terceiro Corpo" das *Trovas do Bandarra*, pelo menos, passando ainda por Antônio Nobre, Guerra Junqueiro, Afonso Lopes Vieira, Teixeira de Pascoais, Sampaio Bruno, autores que igualmente sonharam com D. Sebastião, desejado e encoberto". Realça Y.K. Centeno: "O que Vieira vê – na pessoa do rei – é o Cristo Imperador do mundo, com as duas coroas." E nada mais sobre a influência do pregador sobre o poeta.

Mas bastam as sugestões sobre o "desejado" e o "encoberto", títulos de poemas pessoanos, ou, se prefere, o poema "imperfeito" (1923/35), que tem sido apresentado com o título de *Quinto Império*, já que "A memória do Presidente-Rei Sidônio Pais" é, sob aspectos vários, e em especial à luz histórica, um texto "equivocado". Mas, no aludido "Quinto Império", há duas quadras que não perderam a força:

"Vibra, sem lei ou com a lei,
Como aclamaste em vão
O morto que hoje é vivo – El-rei
D. Sebastião!

....

Aquele inteiro Portugal,
Que, universal perante a Luz,
Reza, ante a Cruz universal,
Ao Deus Jesus."

Bibliografia

CORRESPONDÊNCIA inédita, Fernando Pessoa, org. *Manuela Parreira da Silva.* Lisboa, livros Horizonte, 1995.

FERNANDO Pessoa, vida e obra / História de uma geração, *João Gaspar Simões.* Lisboa, Livros Bertrand, 1951.

HISTÓRIA do futuro, Pe. Antônio Vieira, introd. *Maria Leonor Carvalhão Buescu.* Lisboa, Imprensa Nacional/Casa da Moeda, 1982.

LIVRO do desassossego – I, *Fernando Pessoa,* Lisboa, Ática, 1982.

MENSAGEM, *Fernando Pessoa,* Lisboa, Ática, 3ª ed., 1954.

O PENSAMENTO esotérico de Fernando Pessoa, *Yvette K. Centeno.* Lisboa, Editora Etc., 1990.

PADRE Antônio Vieira, *Hernâni Cidade,* Lisboa, Arcádia, s/d.

PÁGINAS de estética, teoria e crítica literária, *Fernando Pessoa.* Lisboa, Ática, 1966.

PÁGINAS íntimas e de auto – Interpretação, *Fernando Pessoa.* Lisboa, Ática, 1966.

PESSOA inédito, org. *Teresa Rita Lopes.* Lisboa, Livros Horizonte, 1993.

PORTUGAL, Sebastianismo e Quinto Império. *Antônio Quadros.* Lisboa, Publicações Europa-América, s/d.

SAUDADE e profetismo em Fernando Pessoa, *Alfredo Antunes.* Braga, Publicações da Faculdade de Filosofia, 1983.

SOBRE Portugal / Introdução ao problema nacional, *Fernando Pessoa.* Lisboa, Ática, 1978.

IV

Textos Antológicos

Sermões

"Se gostas de afetação e pompa de palavras, e do estilo que chamam culto, não leias. Quando este estilo mais florescia, nasceram as primeiras verduras do meu (que perdoarás quando as encontrares), mas valeu-me tanto sempre a clareza, que só porque me entendiam comecei a ser ouvido; e o começaram também a ser os que reconheceram o seu engano, e mal se entendiam a si mesmos."

Pe. Antônio Vieira

SERMAÕ QVE PREGOV O R. P. ANTONIO VIEIRA DA Companhia de IESVS.

Na Capella Real o primeiro dia de Ianeiro do anno de 1642.

EM COIMBRA

Com todas as licenças necessarias,

Na officina de Thome Carualho Impressor da Vniuersidade Anno de 1658.

Frontispício da edição em folheto de um dos sermões de Vieira

Sermão pelo bom sucesso das armas de Portugal contra as da Holanda

(...) O Doutor Máximo S. Jerônimo, e depois dele os outros expositores, dizem que se entende à letra de qualquer reino ou província católica, destruída e assolada por inimigos da Fé. Mas entre todos os reinos do Mundo a nenhum lhe quadra melhor, que ao nosso Reino de Portugal; e entre todas as províncias de Portugal a nenhuma vem mais ao justo que à miserável província do Brasil. Vamos lendo todo o salmo, e em todas as cláusulas dele veremos retratadas as da nossa fortuna: o que fomos e o que somos.

Deus, auribus nostris audivimus, Patres nostri annuntiaverunt nobis: opus, quod operatus es in diebus eorum, et in diebus antiquis. "Ouvimos (começa o profeta) a nossos pais, lemos nas nossas histórias e ainda os mais velhos viram, em parte, com seus olhos, as obras maravilhosas, as proezas, as vitórias, as conquistas, que por meio dos portugueses obrou em tempos passados vossa onipotência, Senhor." *Manus tua gentes disperdidit, et, plantasti eos; afflixisti populos et expulisti eos:* "Vossa mão foi a que venceu e sujeitou tantas nações bárbaras, belicosas e indômitas, e as despojou do domínio de suas próprias terras, para nelas os plantar, como plantou com tão bem fundadas raízes; e para nelas os dilatar, como dilatou e estendeu em todas as partes do Mundo, na África, na Ásia, na América." (...)

Ocorre aqui ao pensamento o que não é lícito sair à língua, e não falta quem discorra tacitamente, que a causa desta diferença tão notável foi a mudança da monarquia. Não havia de ser assim (dizem) se vivera um D. Manuel, um D. João o Terceiro, ou a fatalidade de um Sebastião não sepultara com ele os reis portugueses. Mas o mesmo profeta no mesmo salmo nos dá o desengano desta falsa imaginação: *Tu es ipse rex meus et Deus meus: qui mandas salutes Jacob.* O Reino de Portugal, como o mesmo Deus nos declarou na sua fundação, é reino seu e não nosso (...)

Considerai, Deus meu — e perdoai-me se falo inconsideradamente — considerai a quem tirais as terras do Brasil e a quem as dais. Tirais estas terras aos portugueses, a quem no princípio as destes; e bastava dizer a quem as destes, para perigar o crédito de vosso nome, que não podem dar nome de liberal mercês com arrependimento. Para que nos disse S. Paulo, que vós, Senhor, "quando dais, não vos arrependeis": *Sine poenitentia enim sunt dona Dei?* Mas deixado isto à parte: tirais estas terras àqueles mesmos portugueses a quem escolhestes entre todas as nações do Mundo para conquistadores da vossa Fé, e a quem destes por armas como insígnia e divisa singular vossas próprias chagas. E será bem, Supremo Senhor e Governador do Universo, que às sagradas quinas de Portugal e às armas e chagas de Cristo, sucedam as heréticas listas de Holanda, rebeldes a seu rei e a Deus? Será bem que estas se vejam tremular ao vento vitoriosas, e aquelas abatidas, arrastadas e ignominiosamente rendidas? *Et quid facies magno nomini tuo?* E que fareis (como dizia Josué) ou que será feito de vosso glorioso nome em casos de tanta afronta?

Tirais também o Brasil aos portugueses, que assim estas terras vastíssimas, como as remotíssimas do Oriente, as conquistaram à custa de tantas vidas e tanto sangue, mais por dilatar vosso nome e vossa Fé (que esse era o zelo daqueles cristianíssimos reis), que por amplificar e estender seu império. Assim fostes servido que entrássemos nestes novos mundos, tão honrada e tão gloriosamente, e assim permitis que saiamos agora (quem tal imaginaria de vossa bondade!), com tanta afronta e ignomínia! Oh! como receio que não falte quem diga o que diziam os egípcios: *Callide eduxit eos, ut interficeret et deleret e terra:* Que a larga mão com que nos destes tantos domínios e reinos não foram mercês de vossa liberalidade, senão cautela e dissimulação de vossa ira, para aqui fora e longe de nossa Pátria nos matardes, nos destruirdes, nos acabardes de todo. Se esta havia de ser a paga e o fruto de nossos trabalhos, para que foi o trabalhar, para que foi o servir, para que foi o derramar tanto e tão ilustre sangue nestas conquistas? Para que abrimos os mares nunca dantes navegados? Para que descobrimos as regiões e os climas não conhecidos? Para que contrastamos os ventos e as tempestades com tanto arrôjo, que apenas há baixio no Oceano, que não esteja infamado com miserabilíssimos naufrágios de portugueses? E depois de tantos perigos, depois de tantas desgraças, depois de tantas e tão lastimosas mortes, ou nas praias desertas sem sepultura, ou sepultados nas entranhas dos alarves, das feras, dos peixes, que as terras que assim ganhamos, as hajamos de perder assim! Oh! quanto melhor nos fora nunca conseguir, nem intentar tais empresas! (...)

Se este havia de ser o fim de nossas navegações, se estas fortunas nos esperavam nas terras conquistadas: *Utinam mansissemus trans Jordanem!* prouvera a vossa Divina Majestade que nunca saíramos de Portugal, nem fiáramos nossas vidas às ondas e aos ventos, nem conhecêramos ou puséramos os pés em terras estranhas! Ganhá-las para as não lograr, desgraça foi e não ventura; possuí-las para as perder, castigo foi de vossa ira, Senhor, e não mercê, nem favor de vossa liberalidade. Se determináveis dar estas mesmas terras aos piratas de Holanda, por que lhas não destes enquanto eram agrestes e incultas, senão agora? Tantos serviços vos tem feito esta gente pervertida e apóstata, que nos mandastes primeiro cá por seus aposentadores; para lhe lavrarmos as terras, para lhe edificarmos as cidades, e depois de cultivadas e enriquecidas lhas entregardes? Assim se hão de lograr os hereges e inimigos da Fé, dos trabalhos portugueses e dos suores católicos? *En queis consevimus agros?* "Eis aqui para quem trabalhamos há tantos anos!"

Mas pois vós, Senhor, o quereis e ordenais assim, fazei o que fordes servido. Entregai aos holandeses o Brasil, entregai-lhes as Índias, entregai-lhes as Espanhas (que não são menos perigosas as conseqüências do Brasil perdido), entregai-lhes quanto temos e possuímos (como já lhes entregastes tanta parte), ponde em suas mãos o Mundo; e a nós, aos portugueses e espanhóis, deixai-nos, repudiai-nos, desfazei-nos, acabai-nos. Mas só digo e lembro a Vossa Majestade, Senhor, que estes mesmos que agora desfavoreceis e lançais de vós, pode ser que os queirais algum dia, e que os não tenhais.

Não me atrevera a falar assim, se não tirara as palavras da boca de Jó, que como tão lastimado, não é muito entre muitas vezes nesta tragédia. Queixava-se o exemplo da paciência a Deus (que nos quer Deus sofridos, mas não insensíveis), queixava-se do tesão de suas penas, demandando e altercando, porque se lhe não havia de remitir e afrouxar um pouco o rigor delas; e como a todas as réplicas e instâncias o Senhor se mostrasse inexorável, quando já não teve mais que dizer, concluiu assim: *Ecce nunc in pulvere dormiam, et si mane me quaesieris, non subsistam.* Já que não quereis, Senhor, resistir ou moderar o tormento, já que não quereis senão continuar o rigor e chegar com ele ao cabo, seja muito embora, matai-me, consumi-me, enterrai-me: *Ecce nunc in pulvere dormiam;* mas só vos digo e vos lembro uma coisa: que "se me buscardes amanhã, que me não haveis de achar": *Et si mane me quaesieris, non subsistam.* Tereis aos sabeus, tereis aos caldeus, que sejam o roubo e o açoite de vossa casa; mas não achareis a um Jó que a sirva, não achareis a um Jó, que a venera, não achareis a um Jó, que ainda com suas chagas a não desautorize. O mesmo digo eu, Senhor, que não é muito rompa nos mesmos afetos, quem se vê no mesmo estado. Abrasai, destruí, consumi-nos a todos; mas pode ser que algum dia queirais espanhóis e portugueses, e que não os acheis. Holanda vos dará os apostólicos conquistadores, que levem pelo Mundo os estandartes da cruz; Holanda vos dará os pregadores evangélicos, que semeiem nas terras dos bárbaros a doutrina católica e a reguem com o próprio sangue; Holanda defenderá a verdade de vossos Sacramentos e a autoridade da Igreja Romana; Holanda edificará templos, Holanda levantará altares, Holanda consagrará sacerdotes e oferecerá o sacrifício de vosso Santíssimo Corpo; Holanda, enfim, vos servirá e venerará tão religiosamente como em Amsterdão, Meldeburgo e Flisinga e em todas as outras colônias daquele frio e alagado inferno se está fazendo todos os dias. (...)

Os convidados fomos nós, a quem primeiro chamastes para estas terras, e nelas nos pusestes a mesa, tão franca e abundante, como de vossa grandeza se podia esperar. Os cegos e mancos são os luteranos e calvinistas, cegos sem fé e mancos sem obras, na reprovação das quais consiste o principal erro da sua heresia. Pois se nós, que fomos os convidados, não nos escusamos nem duvidamos de vir, antes rompemos por muitos inconvenientes em que pudéramos duvidar; se viemos e nos assentamos à mesa, como nos excluís agora e lançais fora dela e introduzis violentamente os cegos e mancos, e dais os nossos lugares ao herege? Quando em tudo o mais foram eles tão bons como nós, ou nós tão maus como eles, por que nos não há de valer pelo menos o privilégio e prerrogativa da Fé? Em tudo parece, Senhor, que trocais os estilos de vossa providência e mudais as leis de vossa justiça conosco. (...)

Desta vossa cidade – disse; mas não sei se o nome do *Salvador*, com que a honrastes, a salvará e defenderá, como já outra vez não defendeu; nem sei se estas nossas deprecações, posto que tão repetidas e continuadas, acharão acesso a vosso conspecto divino, pois há tantos anos que está bradando ao céu a nossa justa dor, sem a vossa clemência dar ouvidos a nossos clamores.

Se acaso for assim (o que vós não permitais), e está determinado em vosso secreto juízo que entrem os hereges na Bahia, o que só vos represento humildemente e muito deveras, é que antes da execução da sentença repareis bem, Senhor, no que vos pode suceder depois, e que o consulteis com vosso coração, enquanto é tempo; porque melhor será arrepender agora, que quando o mal passado não tenha remédio. Bem estais na intenção e alusão com que digo isto, e na razão, fundada em vós mesmo, que tenho para o dizer. Também antes do dilúvio estáveis vós mui colérico. (...)

Finjamos, pois, (o que até fingido e imaginado faz horror), finjamos que vem a Bahia e o resto do Brasil a mãos dos holandeses; que é o que há de suceder em tal caso? — Entrarão por esta cidade com fúria de vencedores e de hereges; não perdoarão a estado, a sexo nem a idade; com os fios dos mesmos alfanjes medirão a todos; chorarão as mulheres, vendo que se não guarda decôro à sua modéstia; chorarão os velhos, vendo que se não guarda respeito a suas cãs; chorarão os nobres, vendo que se não guarda cortesia à sua qualidade; chorarão os religiosos e veneráveis sacerdotes, vendo que até as coroas sagradas os não defendem; chorarão finalmente todos, e entre todos mais lastimosamente os inocentes, porque nem a esses perdoará (como em outras ocasiões não perdoou), a desumanidade herética. Sei eu, Senhor, que só por amor dos inocentes, dissestes vós alguma hora, que não era bem castigar a Nínive. Mas não sei que tempos, nem que desgraça é esta nossa, que até a mesma inocência vos não abranda. Pois também a vós, Senhor, vos há de alcançar parte do castigo (que é o que mais sente a piedade cristã), também a vós há de chegar.

Entrarão os hereges nesta igreja e nas outras; arrebatarão essa custódia, em que agora estais adorado dos anjos; tomarão os cálices e vasos sagrados, e aplicá-los-ão a suas nefandas embriaguezes; derrubarão dos altares os vultos e estátuas dos santos, deformá-las-ão a cutiladas, e metê-las-ão no fogo; e não perdoarão as mãos furiosas e sacrílegas, nem às imagens tremendas de Cristo crucificado, nem às da Virgem Maria. (...)

Enfim, Senhor, despojados assim os templos e derrubados os altares, acabar-se-á no Brasil a cristandade católica; acabar-se-á o culto divino; nascerá erva nas igrejas, como nos campos; não haverá quem entre nelas. Passará um dia de Natal, e não haverá memória de vosso nascimento; passará a Quaresma e a Semana Santa, e não se celebrarão os mistérios de vossa Paixão. Chorarão as pedras das ruas, como diz Jeremias que choravam as de Jerusalém destruída: *Viae Sion lugent, eo quod non sint qui veniant ad solemnitate.* Ver-se-ão ermas e solitárias, e que as não pisa a devoção dos fiéis, como costumava em semelhantes dias. Não haverá missas, nem altares, nem sacerdotes que as digam; morrerão os católicos sem confissão nem sacramentos; pregar-se-ão heresias nestes mesmos púlpitos, e em lugar de São Jerônimo e Santo Agostinho, ouvir-se-ão e alegar-se-ão neles os infames nomes de Calvino e Lutero; beberão a falsa doutrina os inocentes que ficarem, relíquias dos portugueses; e chegaremos a estado que, se perguntarem aos filhos e netos dos que aqui estão: — Menino, de que seita sois? Um responderá: — Eu sou calvinista; outro: — Eu sou luterano. (...)

Finalmente, benigníssimo Jesus, verdadeiro Josué e verdadeiro Sol, seja o epílogo e conclusão de todas as nossas razões o vosso mesmo nome: *Propter nomen tuum.* Se o sol estranha a Josué rigores de mais de um dia, e Josué manda calar o sol, porque lhos não estranhe; como pode estranhar vossa divina justiça que useis conosco de misericórdia, depois da execução de tantos e tão rigorosos castigos continuados, não por um dia ou muitos dias de doze horas, senão por tantos e tão compridos anos, que cedo serão doze? Se sois Jesus, que quer dizer Salvador, sede Jesus e sede Salvador nosso. Se sois sol e sol de justiça, antes que se venha o deste dia, deponde os rigores da vossa. Deixai já o signo rigoroso de Leão, e dai um passo ao signo de Virgem, signo propício e benéfico. Recebei influências humanas, de quem recebestes a humanidade. Perdoai-nos, Senhor, pelos merecimentos da Virgem Santíssima. Perdoai-nos por seus rogos ou perdoai-nos por seus impérios; que, se como criatura vos pede por nós o perdão, como Mãe vos pode mandar e vos manda que nos perdoeis. Perdoai-nos, enfim, para que a vosso exemplo perdoemos; e perdoai-nos também a exemplo nosso, que todos desde esta hora perdoamos a todos por vosso amor: *Dimitte nobis debita nostra, sicut et nos dimittimus debitoribus nostris. Amen.*

(Pregado na Igreja de N.Sra. da Ajuda,
em S. Salvador da Bahia, no dia 13 de junho de 1640)

PALAVRA DE DEOS
EMPENHADA, E DESEMPENHADA:

EMPENHADA

NO SERMAM DAS EXEQUIAS DA
Rainha N. S. Dona Maria Franciſca
Iſabel de Saboya;

DESEMPENHÀDA

NO SERMAM DE ACÇAM DE GRAÇAS
pelo naſcimento do Principe D. Joaõ Primoge-
nito de SS. Mageſtades, que Deos guarde.

Prègou hum, & outro

O P. ANTONIO VIEYRA

da Companhia de Jeſu, Prègador de S. Mageſtade:

O primeyro.

Na Igreja da Miſericordia da Bahia, em 11. de Setem-
bro, anno de 1684.

O ſegundo

Na Cathedral da meſma Cidade, em 16. de
Dezembro, anno de 1688.

LISBOA,
Na Officina de MIGUEL DESLANDES,
Impreſſor de S. Mageſtade.
Com todas as licenças neceſſarias. Anno 1690.

Frontispício da edição em folheto
de um dos sermões de Vieira

A restauração do Brasil*

Sem justiça se começou esta guerra, sem justiça se continuou, e por falta de justiça chegou ao miserável estado em que a vemos. Houve roubos, houve homicídios, houve desobediências, houve outros delitos, muitos e enormes que não sei se chegaram a tocar na religião; mas nunca houve castigo, nunca houve um rigor que fizesse exemplo. Muitos bandos se lançaram muito justos, muitas ordens se deram muito acertadas, mas, como disse Aristóteles, as leis não são boas, porque bem se mandam, senão porque bem se guardam. Que importa que fossem justos os bandos, se não se guardavam mais que se se mandara o que se proibia? Que importa que fossem acertadas as ordens, se nunca foi castigado quem as quebrou, e pode ser que nem repreendido? Baste por todo encarecimento nesta matéria, que em onze anos de guerra contínua e infeliz, onde houve tantas rotas, tantas retiradas, tantas praças perdidas, nunca vimos um capitão, nem ainda um soldado, que com a vida o pagasse. Oh! aprendamos, aprendamos sequer de nossos inimigos, que nesta última fortuna tão grande que tiveram, quando com um poder tão desigual nos derrotaram a maior armada que passou a Linha, a dois capitães sabemos que degolaram no Recife, e a outros inabilitaram com suplícios menos honrosos, só porque andaram remissos em acudir à sua obrigação. Pois se o inimigo quando ganha dá mortes de barato, se quando consegue o intento, se quando se vê vitorioso sabe cortar cabeças, nós, que sempre perdemos, e nem sempre por falta de poder, porque não atalharemos a novas perdas com castigo exemplar de quem for a causa? Porque há de ser

* Os títulos são do organizador.

conseqüência na guerra do Brasil: — se me renderem, passarei a Espanha e despachar-me-ei? Há resolução mais indigna de Espanhóis? Há razão mais indigna de Católicos?

Toda esta falta de castigo, toda esta remissão de culpas nasceu de uma razão de Estado, que cá se praticou quase sempre: que se não hão de matar os homens em tempo que os havemos tanto mister; que não é bem que se perca em boa hora um soldado, que se não faz senão em muitos anos; que justiçar um homem porque matou outro é curar uma chaga com outra chaga, e que se não remedeiam as perdas, acrescentando-as; que a primeira máxima do governo é saber permitir, e que se há de dissimular um dano, por o não evitar com outro maior; como se não fora maior dano a destruição de toda a república, que a morte de um particular, como se não fora grande expediente resgatar com uma vida as vidas de todos: *Expedit ut unus moriatur homo, ne tota gens pereat.* Ah triste e miserável Brasil, que porque esta razão de Estado se praticou em ti, por isso és triste e miserável! Não é miserável a república onde há delitos, senão onde falta o castigo deles: que os reinos e os impérios não os arruínam os pecados por cometidos, senão por dissimulados. Dissimular com os maus, é mandar-lhes que o sejam, disse Sêneca, e mais era gentio: *Qui non vetat peccare, cum possit, jubet.* A conquistar dilatadíssimas províncias caminhava Moisés, general dos Israelitas, e não duvidou degolar de uma vez vinte e quatro mil homens, como se lê na Escritura, porque entendia, como experimentado capitão, que mais lhe importava no seu exército a observância da justiça, que o número dos soldados. Quem pelejou nunca no Mundo com número mais desigual que Judas Macabeu? E contudo nem os exércitos de Apolônio, nem os ardis de Seron, nem os elefantes de Antíoco o puderam jamais vencer antes ele saiu sempre carregado de despojos e de vitórias. Porquê? — Porque primeiro tirava a espada contra os seus e depois contra os inimigos. Pelejava com poucos soldados, e mais vencia, porque poucos com justiça é grande exército. Alagou Deus o Mundo com o dilúvio universal, e para restauração dele não guardou mais que Noé com três filhos seus em uma arca. Pois, Senhor, parece que pudéramos replicar: quereis restaurar o Mundo, querei-lo restituir ao seu antigo estado, e para uma facção tão grande não guardais mais que quatro homens em um navio? — Sim; que depois de um castigo tão grande, depois de uma justiça tão exemplar, quatro homens e um só navio bastam para restaurar um Mundo inteiro. Vede se nos sobejaram sempre soldados para restaurar o Brasil, se nos não faltara a justiça.

"Sermão da Visitação de N. Senhora",
pregado no Hospital da Santa Casa de
Misericórdia da Bahia, quando chegou à capital o
marquês de Montalvão, vice-rei do Brasil
(sem data)

O amor de Cristo

Que conhecendo-se Cristo a si, nos amasse a nós, grande e desusado amor!

Enquanto Páris, ignorante de si e da fortuna do seu nascimento, guardava as ovelhas do seu rebanho nos campos do monte Ida, dizem as histórias humanas, que era objeto dos seus cuidados Enone, uma formosura rústica daqueles vales. Mas quando o encoberto príncipe se conheceu e soube que era filho de Príamo, rei de Tróia, como deixou o cajado e o surrão, trocou também de pensamento. Amava humildemente, enquanto se teve por humilde; tanto que se conheceu quem era, logo desconheceu a quem amava. Como o amor se fundava na ignorância de si, o mesmo conhecimento que desfez a ignorância acabou também o amor. Desamou príncipe o que tinha amado pastor; porque, como é falta de conhecimento próprio nos pequenos levantar o pensamento, assim é afronta da fortuna nos grandes abater o cuidado.

Ah príncipe da glória, que assim parece vos havia de suceder convosco! Mas não foi assim! Quem ouvisse dizer que nos amava o Filho de Deus com tanto extremo, parece que poderia pôr em dúvida se o Senhor se conhecia ou vivia ignorante de quem era. Pois para que a verdade da nossa Fé não perigue nos extremos do seu amor e para que o mundo não caia em tal engano, saibam todos (diz o evangelista) que Cristo amou, e amou tanto: *In finem dilexit,* mas saibam também que juntamente conhecia quem era: *Sciens quia a Deo exivit.*

Se Cristo não se conhecera, não fora muito que nos amasse; mas amar-nos, conhecendo-se, foi tal excesso, que parece que o mesmo amar-nos foi desconhecer-se.

"Sermão do Mandato",
pregado na Capela Real, em Lisboa, no ano de 1644

Pregar é semear o Evangelho

(...) Diz Cristo que "saiu o pregador evangélico a semear" a palavra divina. Bem parece este texto dos livros de Deus. Não só faz menção do semear, mas faz também caso do sair: *Exiit,* porque no dia da messe hão nos de medir a semeadura e hão nos de contar os passos. O Mundo, aos que lavrais com ele, nem vos satisfaz o que despendeis, nem vos paga o que andais. Deus não é assim. Para quem lavra com Deus até o sair é semear, porque também das passadas colhe fruto. Entre os semeadores do Evangelho há uns que saem a semear, há outros que semeiam sem sair. Os que saem a semear são os que vão pregar à Índia, à China, ao Japão; os que semeiam sem sair, são os que se contentam com pregar na Pátria. Todos terão sua razão, mas tudo tem sua conta. Aos que têm a seara em casa, pagar-lhes-ão a semeadura; aos que vão buscar a seara tão longe, hão lhes de medir a semeadura e hão lhes de contar os passos. Ah Dia do Juízo! Ah pregadores! Os de cá, achar-vos-eis com mais Paço; os de lá, com mais passos. (...)

Quando Cristo mandou pregar os Apóstolos pelo Mundo, disse-lhes desta maneira: *Euntes in mundum universum, praedicate omni creaturae:* "Ide, e pregai a toda a criatura." Como assim, Senhor?! Os animais não são criaturas?! As árvores não são criaturas?! As pedras não são criaturas?! Pois hão os Apóstolos de pregar às pedras?! Hão de pregar aos troncos?! Hão de pregar aos animais?! Sim, diz S. Gregório, depois de Santo Agostinho. Porque como os Apóstolos iam pregar a todas as nações do Mundo, muitas delas bárbaras e incultas, haviam de achar os homens degenerados em todas as espécies de criaturas: haviam de achar homens homens, haviam de achar homens brutos, haviam de achar homens troncos, haviam de achar homens pedras. E quando os pregadores evangélicos vão pregar a toda a criatura, que se armem contra eles todas as criaturas?! Grande desgraça!

Mas ainda a do semeador do nosso Evangelho não foi a maior. A maior é a que se tem experimentado na seara aonde eu fui, e para onde venho. Tudo o que aqui padeceu o trigo, padeceram lá os semeadores. Se bem advertirdes, houve aqui trigo mirrado; trigo afogado, trigo comido e trigo pisado. Trigo mirrado: *Natum aruit, quia non habebat humorem;* trigo afogado: *Exortae spinae suffocaverunt illud;* trigo comido: *Volucres coeli comederunt illud;* trigo pisado: *Conculcatum est.* Tudo isto padeceram os semeadores evangélicos da missão do Maranhão de doze anos a esta parte. Houve missionários afogados, porque uns se afogaram na boca do grande rio das Amazonas; houve missionários comidos, porque a outros comeram os bárbaros na ilha dos Aroãs; houve missionários mirrados, porque tais tornaram os da jornada dos Tocantins, mirrados da fome e da doença, onde tal houve, que andando vinte e dois dias perdido nas brenhas, matou somente a sede com o orvalho que lambia das folhas. Vêde se lhe quadra bem o *Natum aruit, quia non habebant humorem!* E que sobre mirrados, sobre afogados, sobre comidos, ainda se vejam pisados e perseguidos dos homens: *Conculcatum est!* Não me queixo nem o digo, Senhor, pelos semeadores; só pela seara o digo, só pela seara o sinto. Para os semeadores, isto são glórias: mirrados sim, mas por amor de vós mirrados; afogados sim, mas por amor de vós afogados; comidos sim, mas por amor de vós comidos; pisados e perseguidos sim, mas por amor de vós perseguidos e pisados. (...)

Será porventura o estilo que hoje se usa nos púlpitos? Um estilo tão empeçado, um estilo tão dificultoso, um estilo tão afetado, um estilo tão encontrado a toda a arte e a toda a natureza? Boa razão é também esta. O estilo há de ser muito fácil e muito natural. Por isso Cristo comparou o pregar ao semear: *Exiit, qui seminat, seminare.* Compara Cristo o pregar ao semear, porque o semear é uma arte que tem mais de natureza que de arte. Nas outras artes tudo é arte; na música tudo se faz por compasso, na arquitetura tudo se faz por regra, na aritmética tudo se faz por conta, na geometria tudo se faz por medida. O semear não é assim. É uma arte sem arte; caia onde cair. (...)

Será finalmente a causa, que há tanto buscamos, a voz com que hoje falam os pregadores? Antigamente pregavam bradando, hoje pregam conversando. Antigamente a primeira parte do pregador era boa voz e bom peito. E verdadeiramente, como o Mundo se governa tanto pelos sentidos, podem às vezes mais os brados que a razão. Boa era também esta, mas não a podemos provar com o semeador, porque já dissemos que não era ofício de boca. Porém o que nos negou o Evangelho no semeador metafórico, nos deu no semeador verdadeiro, que é Cristo. Tanto que Cristo acabou a parábola, diz o Evangelho que começou o Senhor a bradar: *Haec dicens clamabat*. Bradou o Senhor, e não arrazoou sobre a parábola, porque era tal o auditório, que ficou mais dos brados que da razão. (...)

"Sermão da Sexagésima",
pregado na Capela Real, em Lisboa, no ano de 1655

Sermão não é comédia

(...) *Fábula* tem duas significações: quer dizer fingimento e quer dizer comédia; e tudo são muitas pregações deste tempo. São fingimento, porque são sutilezas e pensamentos aéreos, sem fundamento de verdade; são comédia, porque os ouvintes vêm à pregação como à comédia; e há pregadores que vêm ao púlpito como comediantes. Uma das felicidades que se contava entre as do tempo presente era acabarem-se as comédias em Portugal; mas não foi assim. Não se acabaram, mudaram-se; passaram do teatro ao púlpito. Não cuideis que encareço em chamar comédia a muitas pregações das que hoje se usam. Tomara ter aqui as comédias de Plauto, de Terêncio, de Sêneca, e veríeis se não acháveis nelas muitos desenganos da vida e vaidade do Mundo, muitos pontos de doutrina moral, muito mais verdadeiros e muito mais sólidos, do que hoje se ouvem nos púlpitos. Grande miséria por certo, que se achem maiores documentos para a vida nos versos de um poeta profano e gentio, que nas pregações dum orador cristão, e muitas vezes, sobre cristão, religioso! (...)

E nós que é o que vemos? — Vemos sair da boca daquele homem, assim naqueles trajos, uma voz muito afetada e muito polida, e logo começar com muito desgarro, a quê? — A motivar desvelos, a acreditar empenhos, a requintar finezas, a lisonjear precipícios, a brilhar auroras, a derreter cristais, a desmaiar jasmins, a toucar primaveras, e outras mil indignidades destas. Não é isto farsa a mais digna de riso, se não fora tanto para chorar? Na comédia o rei veste como rei, e fala como rei; o lacaio veste como lacaio e fala como lacaio; o rústico veste como rústico e fala como rústico; mas um pregador, vestir como religioso e falar como... não o quero dizer, por reverência do lugar. Já que o púlpito é teatro, e o sermão comédia, sequer, não faremos bem a figura? Não dirão as palavras com o vestido e com o ofício? Assim pregava S. Paulo, assim pregavam aqueles patriarcas que se vestiram e nos vestiram destes hábitos? Não louvamos e não admiramos o seu pregar? Não nos prezamos de seus filhos? Pois por que os não imitamos? Por que não pregamos como eles pregavam? Neste mesmo púlpito pregou S. Francisco Xavier, neste mesmo púlpito pregou S. Francisco de Borja; e eu que tenho o mesmo hábito, por que não pregarei a sua doutrina, já que me falta o seu espírito? (...)

Enfim, para que os pregadores saibam como hão de pregar e os ouvintes a quem hão de ouvir, acabo com um exemplo do nosso Reino, e quase dos nossos tempos. Pregavam em Coimbra dois famosos pregadores, ambos bem conhecidos por seus escritos; não os nomeio, porque os hei de desigualar. Altercou-se entre alguns doutores da Universidade, qual dos dois fosse maior pregador; e como não há juízo sem inclinação, uns diziam este, outros aquele. Mas um lente, que entre os mais tinha maior autoridade, concluiu desta maneira: "Entre dois sujeitos tão grandes não me atrevo a interpor juízo; só direi uma diferença, que sempre experimento: quando ouço um, saio do sermão muito contente do pregador; quando ouço outro, saio muito descontente de mim."

Com isto tenho acabado. Algum dia vos enganastes tanto comigo, que saíeis do sermão muito contentes do pregador; agora quisera eu desenganar-vos tanto, que saíreis muito descontentes de vós. Semeadores do Evangelho, eis aqui o que devemos pretender nos nossos sermões: não que os homens saiam contentes de nós, senão que saiam muito descontentes de si; não que lhes pareçam bem os nossos conceitos, mas que lhes pareçam mal os seus costumes, as suas vidas, os seus passatempos, as suas ambições e, enfim, todos os seus pecados. Com tanto que se descontentem de si, descontentem-se embora de nós. *Si hominibus placerem, Christi servus non essem* – dizia o maior de todos os pregadores, S. Paulo: "Se eu contentara aos homens, não seria servo de Deus." Oh, contentemos a Deus, e acabemos de não fazer caso dos homens! (...)

"Sermão da Sexagésima",
pregado na Capela Real, em Lisboa, no ano de 1655

Os senhores poucos, os escravos muitos

Uma das grandes cousas que se vêem hoje no Mundo, e nós pelo costume de cada dia não admiramos, é a transmigração imensa de gentes e nações etíopes, que da África continuamente estão passando a esta América. A armada de Eneias, disse o príncipe dos poetas, que levava Tróia a Itália: *Ilium in Italiam portans;* e das naus que dos portos do mar Atlântico estão sucessivamente entrando nestes nossos, com maior razão podemos dizer que trazem a Etiópia ao Brasil. Entra por esta barra um cardume monstruoso de baleias, salvando com tiros e fumos de água as nossas fortalezas, e cada uma pare um baleato; entra uma nau de Angola, e desova no mesmo dia quinhentos, seiscentos e talvez mil escravos. Os israelitas atravessaram o Mar Vermelho e passaram da África à Ásia, fugindo do cativeiro; estes atravessam o mar Oceano na sua maior largura, e passam da mesma África à América para viver e morrer cativos. *Infelix genus hominum* (disse bem dele Maffeo) *et ad servitutem natum.* Os outros nascem para viver, estes para servir; nas outras terras do que aram os homens e do que fiam e tecem as mulheres, se fazem os comércios; naquela o que geram os pais e o que criam a seus peitos as mães, é o que se vende e se compra. Oh trato desumano, em que a mercancia são homens! Oh mercancia diabólica, em que os interesses se tiram das almas alheias, e os riscos são das próprias!

Já se, depois de chegados, olharmos para estes miseráveis e para os que se chamam seus senhores, o que se viu nos dois estados de Job, é o que aqui representa a fortuna, pondo juntas a felicidade e a miséria no mesmo teatro. Os *senhores poucos, os escravos muitos;* os senhores rompendo galas, os escravos despidos e nus; os senhores banqueteando, os escravos perecendo à fome; os senhores nadando em ouro e prata, os escravos carregados de ferros; os senhores tratando-os como brutos, os escravos adorando-os e temendo-os como deuses; os senhores em pé apontando para o açoute, como estátuas da soberba e da tirania, os escravos prostrados com as mãos atadas atrás, como imagens vilíssimas da servidão e espetáculos da extrema miséria. Oh Deus! Quantas graças devemos à Fé que nos destes, porque ela só nos cativa o entendimento, para que, à vista destas desigualdades, reconheçamos contudo vossa justiça e providência! Estes homens não são filhos do mesmo Adão e da mesma Eva? Estas almas não foram resgatadas com o sangue do mesmo Cristo? Estes corpos não nascem e morrem como os nossos? Não respiram com o mesmo ar? Não os cobre o mesmo céu? Não os aquenta o mesmo sol? Que estrela é logo aquela que os domina, tão triste, tão inimiga, tão cruel?

Da série de sermões sobre *"Maria, Rosa Mística"*,
pregado na Bahia, em data incerta

Engenho de açúcar – o "doce inferno" dos escravos, comparados a Cristo

Não pudera nem melhor nem mais altamente descrever que cousa é ser escravo em um engenho do Brasil. Não há trabalho nem gênero de vida no mundo mais parecido à cruz e paixão de Cristo que o vosso em um destes engenhos. (...)

Em um engenho sois imitadores de Cristo crucificado porque padeceis em um modo muito semelhante ao que o mesmo Senhor padeceu da sua cruz e em toda a sua paixão. A sua cruz foi composta de dois madeiros, e a vossa em um engenho é de três. Também ali não faltaram as canas, porque duas vezes entraram na paixão: uma vez servindo para o ceptro de escárnio e outra vez para a esponja em que lhe deram fel. A paixão de Cristo parte foi de noite sem dormir, e parte de dia sem descansar, e tais são as vossas noites e os vossos dias. Cristo despido e vós despidos; Cristo sem comer e vós famintos; Cristo em tudo maltratado e vós maltratados em tudo! Os ferros, as prisões, os açoutes, as chagas, os nomes afrontosos, de tudo isto se compõe a vossa imitação, que, se for acompanhada de paciência também terá merecimento de martírio. Só lhe faltava a cruz para inteira e perfeita semelhança o nome de engenho; mas este mesmo lhe deu Cristo não com outro, senão com o próprio vocábulo. *Torcular* se chama o vosso engenho ou a vossa cruz, e a de Cristo por boca do mesmo Cristo se chamou também *Torcular: Torcular calcavi solus*. Em todas as invenções e instrumentos de trabalho parece que não achou o Senhor outro que mais parecido fosse com o seu, que o vosso. A propriedade e energia desta comparação é porque no instrumento da cruz e na oficina de toda a paixão, assim como nas outras em que se espreme o sumo dos frutos, assim foi espremido todo o sangue da humanidade sagrada. (...)

E que cousa há na confusão deste mundo mais semelhante ao inferno, que qualquer destes vossos engenhos, e tanto mais quanto de maior fábrica? Por isso foi tão bem recebida aquela tão breve e discreta definição de quem chamou a um engenho de açúcar *doce inferno*. E verdadeiramente quem vir na escuridade da noite aquelas fornalhas tremendas perpetuamente ardentes; as labaredas que estão saindo a borbotões de cada uma pelas duas bocas ou ventas, por onde respiram o incêndio; os etíopes ou ciclopes banhados em suor, tão negros como robustos, que subministram a grossa e dura matéria ao fogo, e os forcados com que o revolvem e atiçam; as caldeiras ou lagos ferventes com os cachões sempre batidos e rebatidos, já vomitando espumas, já exalando nuvens de vapores mais de calor, que de fumo, e tornando-os a chover para outra vez os exalar; o ruído das rodas, das cadeias, da gente toda da cor da mesma noite, trabalhando vivamente e gemendo tudo ao mesmo tempo sem momento de tréguas nem de descanso; quem vir enfim toda a máquina e aparato confuso e estrondoso daquela Babilônia, não poderá duvidar, ainda que tenha visto Etnas e Vesúvios, que é uma semelhança de Inferno. (...)

Os (mistérios) dolorosos (ouçam-me agora todos), os dolorosos são os que vos pertencem a vós, como os gozosos aos que, devendo-vos tratar como irmãos, se chamam vossos senhores. Eles mandam, e vós servis; eles dormem, e vós velais; eles descansam, e vós trabalhais; eles gozam o fruto dos vossos trabalhos, e o que vós colheis deles é um trabalho sobre outro. Não há trabalhos mais doces que os das vossas oficinas; mas toda essa doçura para quem é? Sois como as abelhas, de quem disse o poeta: *Sic vos non vobis mellificatis, apes.* O mesmo passa nas vossas colméias. As abelhas fabricam o mel, sim, mas não para si. E posto que os que o logram é com tão diferente fortuna da vossa, se vós porém, vos souberdes aproveitar dela e conformá-la com o exemplo e paciência de Cristo, eu vos prometo que esses mesmos trabalhos vos sejam muito doces, como foram ao mesmo Senhor. (...)

Oh como quisera e fora justo que também vossos senhores considerassem bem aquela conseqüência: *Si tamen compatimur, ut et conglorificemur.* Todos querem ir à glória e ser glorificados com Cristo; mas não querem padecer, nem ter parte na cruz, com Cristo. Não é isto o que nos ensinou a Senhora do Rosário na ordem e disposição do mesmo rosário. Depois dos mistérios gozosos pôs os dolorosos, e depois dos dolorosos os gloriosos. Imitai pois ao Filho e à Mãe de Deus, e acompanhai-o com S. João nos seus mistérios dolorosos como próprios da vossa condição e da vossa fortuna, baixa e penosa nesta vida, mas alta e gloriosa na outra.

Sermão pregado na Bahia,
à Irmandade dos Pretos de um engenho de açúcar,
no dia de S. João Evangelista, em 1633

O AMOR CEGA O ENTENDIMENTO

Pois se há também amor que dure muitos anos, porque no-lo pintam os sábios sempre menino? Desta vez cuido que hei de acertar a causa. Pinta-se o amor sempre menino, porque, ainda que passe dos sete anos, como o de Jacob, nunca chega à idade do uso da razão. Usar da razão e amar são duas cousas que não se juntam. A alma de um menino, que vem a ser? Uma vontade com afetos e um entendimento sem uso. Tal é o amor vulgar. Tudo conquista o amor quando conquista uma alma; porém o primeiro rendido é o entendimento. Ninguém teve a vontade febricitante, que não tivesse o entendimento frenético. O amor deixará de variar, se for firme, mas nunca deixará de tresvariar, se é amor. Nunca o fogo abrasou a vontade, que o fumo não cegasse o entendimento. Nunca houve enfermidade no coração, que não houvesse fraqueza no juízo. Por isso os mesmos pintores do amor lhe vendaram os olhos. E como o primeiro efeito e a última disposição do amor é cegar o entendimento, daqui vem que isto que vulgarmente se chama amor tem mais partes de ignorância; e quantas partes tem de ignorância, tantas lhe faltam de amor. Quem ama porque conhece é amante; quem ama porque ignora é néscio. Assim como a ignorância na ofensa diminui o delito, assim no amor diminui o merecimento. Quem, ignorando, ofendeu em rigor não é delinqüente; quem, ignorando, amou em rigor não é amante.

É tal a dependência que tem o amor destas duas suposições, que o que parece fineza, fundado em ignorância, não é amor; e o que não parece amor, fundado em ciência, é grande fineza. (...)

Quatro ignorâncias podem concorrer em um amante, que diminuam muito a perfeição e merecimento do seu amor: ou porque não se conhecesse a si; ou porque não conhecesse a quem amava; ou porque não conhecesse o amor; ou porque não conhecesse o fim onde há de parar, amando. Se não se conhecesse a si, talvez empregaria o seu pensamento onde o não devia de pôr, se se conhecera. Se não conhecesse a quem amava, talvez quereria com grandes finezas a quem havia de aborrecer, se o não ignorara. Se não conhecesse o amor, talvez se empenharia cegamente no que não havia de empreender, se o soubera. Se não conhecesse o fim em que havia de parar, amando, talvez chegaria a padecer os danos a que não havia de chegar, se os previra. Todas estas ignorâncias que se acham nos homens, em Cristo foram ciências, e em todas e cada uma crescem os quilates do seu estremado amor.

Conhecia-se a si, conhecia quem amava, conhecia o amor e conhecia o fim onde havia de parar, amando. Tudo notou o evangelista. Conhecia-se a si, porque "sabia que não era menos que Deus, Filho do Eterno Padre": *Sciens quia a Deo exivit.* Conhecia a quem o amava, porque sabia quão ingratos eram os homens, e quão cruéis haviam de ser para com ele: *Sciebat enim quisnam esset, qui traderet eum.* Conhecia o amor, e bem à custa do seu coração, pela larga experiência do que tinha amado: *Cum dilexisset suos.* Conhecia, finalmente, o fim em que havia de parar, amando, que era a morte, e tal morte: *Sciens quia venit hora eius.* E que conhecendo-se Cristo a si, e conhecendo quem amava, conhecendo o amor e conhecendo o fim cruel em que havia de parar, amando; amasse contudo?! Grande excesso de amor: *in finem dilexit!*

"Sermão do Mandato",
pregado na Capela Real, em Lisboa, no ano de 1644

QUEM TOMOU O ALHEIO...

Assim se tiram da Índia quinhentos mil cruzados, de Angola duzentos, do Brasil trezentos, e até do pobre Maranhão mais do que vale todo ele. E que se há de fazer desta fazenda? Aplicá-la o rei à sua alma e à dos que a roubaram, para que umas e outras se salvem. Dos governadores que mandava a diversas províncias o imperador Maximino, se dizia, com galante e bem apropriada semelhança, que eram esponjas. A traça ou astúcia, com que usava destes instrumentos, era toda encaminhada a fartar a sede da sua cobiça. Porque eles, como esponjas, chupavam as províncias que governavam, tudo quanto podiam; e o imperador, quando tornavam, espremia as esponjas, e tomava para o fisco real tudo quanto tinham roubado, com que ele ficava rico e eles castigados.

Uma coisa fazia mal este imperador, outra bem, e faltava-lhe a melhor. Em mandar governadores às províncias homens que fossem esponjas, fazia mal; em espremer as esponjas quando tornavam, e ele confiscar o que traziam, fazia bem e justamente; mas faltava-lhe a melhor, como injusto e tirano que era, porque tudo o que espremia nas esponjas, não o havia de tomar para si, senão restituí-lo às mesmas províncias donde se tinha roubado. Isto é o que são obrigados a fazer em consciência os reis que se desejam salvar, e não cuidar que satisfazem ao zelo e obrigação da justiça com mandar prender em um castelo o que roubou a cidade, a província, o estado. Que importa que por alguns dias, ou meses, se lhe dê esta sombra de castigo, se passados eles se vai lograr do que trouxe roubado, e os que padeceram os danos não são restituídos?

Há nesta, que parece justiça, um engano gravíssimo, com que nem o castigado, nem o que castiga, se livram da condenação eterna; para que se entenda ou queira entender este engano, é necessário que se declare. Quem tomou o alheio fica sujeito a duas satisfações: à pena da lei e à satisfação do que tomou. Na pena, pode dispensar o rei como legislador; na restituição não pode, porque é indispensável. E obra-se tanto pelo contrário, ainda quando se faz, ou se cuida que se faz justiça, que só se executa a pena, e a restituição não lembra, nem se faz caso dela.

"Sermão do Bom Ladrão",
pregado na Igreja da Misericórdia de Lisboa, em 1655

Ministros são como nuvens

"Aparece uma nuvem no meio daquela Bahia, lança uma manga ao mar, vai sorvendo por oculto segredo da natureza grande quantidade de água; e depois que está bem cheia, depois que está bem carregada, dá-lhe o vento, e vai chover daqui a trinta, daqui a cinqüenta léguas.

Pois, nuvem ingrata, nuvem injusta: se na Bahia tomaste essa água, se na Bahia te encheste, porque não choves também na Bahia? Se a tiraste de nós, porque a não despendes conosco? Se a roubaste a nossos mares, porque a não restituís a nossos campos? Tais como isto são muitas vezes os ministros que vêm ao Brasil – e é fortuna geral das partes ultramarinas. Partem de Portugal estas nuvens, passam as calmas da Linha, onde se diz que também refervem as consciências, e em chegando, *verbi gratia*, a esta Bahia, não fazem mais que chupar, adquirir, ajuntar, encher-se (por meios ocultos, mas sabidos), e ao cabo de três ou quatro anos, em vez de fertilizarem a nossa terra com a água que era nossa, abrem as asas ao vento, e vão chover a Lisboa, esperdiçar a Madrid."

Do "*Sermão de Visitação de Nossa Senhora*", pregado no Hospital da Santa Casa da Universidade da Bahia, quando chegou à capital o marquês de Montalvão, vice-rei do Brasil

A César o que é de César

Divina doutrina nos deixou Cristo desta moderação na sujeita matéria dos tributos. Mandou Cristo a S. Pedro, que pagasse o tributo a César, e disse-lhe que fosse pescar, e que na boca do primeiro peixe acharia uma moeda de prata, com que pagasse. Duas ponderações demos a este lugar o dia passado; hoje lhe daremos sete a diferentes intentos. Se Deus não faz milagres sem necessidade, porque o fez Cristo nesta ocasião, sendo ao parecer supérfluo? Pudera o Senhor dizer a Pedro, que fosse pescar, e que do preço do que pescasse, pagaria o tributo. Pois porque dispõe que se pague o tributo, não do preço, senão da moeda que se achar na boca do peixe? — Quis o Senhor, que pagasse S. Pedro o tributo, e mais que lhe ficasse em casa o fruto de seu trabalho, que este é o suave modo de pagar tributos. Pague Pedro o tributo, sim, mas seja com tal suavidade e com tão pouco dispêndio seu, que satisfazendo às obrigações de tributário, não perca os interesses de pescador. Coma o seu peixe como dantes comia, e mais pague o tributo que dantes não pagava. Por isso tira a moeda não do preço, senão da boca do peixe: *Aperto ore ejus, invenies staterem. Aperto ore: (S. Mat. XVII – 26)*. Notai. Da boca do peixe se tirou o dinheiro do tributo, porque é bem que para o tributo se tire da boca. Mas esta diferença há entre os tributos suaves e os violentos: que os suaves tiram-se da boca do peixe; os violentos, da boca do pescador. Hão se de tirar os tributos com tal traça, com tal indústria, com tal invenção, – *Invenies staterem* – que pareça o dinheiro achado e não perdido; dado por mercê da ventura e não tirado à força da violência. Assim o fez Deus com Adão; assim o fez Cristo com S. Pedro; e para que não diga alguém, que são milagres a nós impossíveis, assim o fez Teodorico com seus vassalos. A boa indústria é suplemento da onipotência, e o que faz Deus por todo-poderoso, fazem os homens por muito industriosos.

"Sermão de Santo Antônio",
pregado (aos peixes), no Maranhão, em 1654

"QUEM QUER MAIS DO QUE LHE CONVÉM, PERDE O QUE QUER E O QUE TEM"

Com os voadores tenho também uma palavra, e não é pequena a queixa. Dizei-me, voadores, não vos fez Deus para peixes? Pois porque vos meteis a ser aves? O mar fê-lo Deus para vós, e o ar para elas. Contentai-vos com o mar e com nadar, e não queirais voar, pois sois peixes. Se acaso vos não conheceis, olhai para as vossas espinhas e para as vossas escamas, e conhecereis que não sois aves, senão peixes, e ainda entre os peixes não dos melhores. Dir-me-eis, voador, que vos deu Deus maiores barbatanas que aos outros do vosso tamanho. Pois porque tivestes maiores barbatanas, por isso haveis de fazer das barbatanas asas? Mas ainda mal, porque tantas vezes vos desengana o vosso castigo. Quisestes ser melhor que os outros peixes, e por isso sois mais mofino que todos. Aos outros peixes do alto, mata-os o anzol ou a fisga, a vós sem fisga nem anzol; mata-vos a vossa presunção e o vosso capricho. Vai o navio navegando e o marinheiro dormindo, e o voador toca na vela ou na corda, e cai palpitando. Aos outros peixes mata-os a fome e engana-os a isca, ao voador mata-o a vaidade de voar, e a sua isca é o vento. Quanto melhor lhe fora mergulhar por baixo da quilha e viver, que voar por cima das antenas e cair morto.

Grande ambição é, que sendo o mar tão imenso, lhe não basta a um peixe tão pequeno todo o mar, e queira outro elemento mais largo. Mas vede, peixes, o castigo da ambição. O voador fê-lo Deus peixe, e ele quis ser ave, e permite o mesmo Deus que tenha os perigos de ave e mais os de peixe. Todas as velas para ele são redes, como peixe, e todas as cordas, laços, como ave. Vê, voador, como correu pela posta o teu castigo. Pouco há nadavas vivo no mar com as barbatanas, e agora jazes em um convés amortalhado nas asas. Não contente com ser peixe, quiseste ser ave, e já não és ave nem peixe; nem voar poderás já, nem nadar. A natureza deu-te a água, tu não quiseste senão o ar, e eu já te vejo posto ao fogo. Peixes, contente-se cada um com o seu elemento. Se o voador não quisera passar do segundo ao terceiro, não viera a parar no quarto.

Bem seguro estava ele do fogo, quando nadava na água, mas porque quis ser borboleta nas ondas, vieram-se-lhe a queimar as asas.

À vista deste exemplo, peixes, tomai todos na memória esta sentença: Quem quer mais do que lhe convém, perde o que quer e o que tem. Quem pode nadar e quer voar, tempo virá em que não voe nem nade.

Voadores do mar (não falo com os da terra) imitai o vosso santo pregador. Se vos parece que as vossas barbatanas vos podem servir de asas, não as estendais para subir, porque vos não suceda encontrar com alguma vela ou algum costado; encolhei-as para descer, ide-vos meter no fundo em alguma cova; e se aí estiverdes mais escondidos, estareis mais seguros.

"Sermão de Santo Antônio",
pregado (aos peixes), no Maranhão, em 1654

"(...) Esses mesmos que cá comiam os pequenos" (...)

Já se os homens se comeram somente depois de mortos, parece que era menos horror e menos matéria de sentimento. Mas para que conheçais a que chega a vossa crueldade, considerai, peixes, que também os homens se comem vivos assim como vós. (...)

Vede um homem desses que andam perseguidos de pleitos ou acusados de crimes, e olhai quantos o estão comendo. Come-o o meirinho, come-o o carcereiro, come-o o escrivão, come-o o solicitador, come-o o advogado, come-o o inquiridor, come-o a testemunha, come-o o julgador, e ainda não está sentenciado, já está comido. São piores os homens que os corvos. O triste que foi à forca, não o comem os corvos depois de executado e morto; e o que anda em juízo, ainda não está executado nem sentenciado, e já está comido. (...)

Diz Deus que comem os homens não só o seu povo, senão declaradamente a sua plebe, *plebem meam,* porque a plebe e os plebeus, que são os mais pequenos, os que menos podem e os que menos avultam na república, esses são os comidos. E não diz que os comem de qualquer modo, senão que os engolem e os devoram, e não como os outros comeres, senão como o pão.

A diferença que há entre o pão e os outros comeres é que para a carne, há dias de carne, e para o peixe dias de peixe, e para as frutas, diferentes meses do ano; porém o pão é de comer todos os dias, que sempre e continuadamente se come; e isto é o que padecem os pequenos. São o pão quotidiano dos grandes; e assim como o pão se come como tudo, assim com tudo e em tudo são comidos os miseráveis pequenos, não tendo nem fazendo ofício em que os não carreguem, em que os não multem, em que os não defraudem, em que os não comam, traguem e devorem.

Parece-vos bem isto, peixes? Representa-se-me que com o movimento das cabeças estais todos dizendo que não, e com olhardes uns para os outros vos estais admirando e pasmando de que entre os homens haja tal injustiça e maldade! Pois isso mesmo é o que vós fazeis. Os maiores comeis os pequenos; e os muito grandes não só os comem um por um, senão os cardumes inteiros, e isto continuadamente sem diferença de tempos, não só de dia, senão também de noite, às claras e às escuras, como também fazem os homens.

Se cuidais porém que estas injustiças entre vós se toleram e passam sem castigo, enganai-vos. Assim como Deus as castiga nos homens, assim também por seu modo as castiga em vós. Os mais velhos, que me ouvis e estais presentes, bem vistes neste Estado, e quando menos ouviríeis murmurar aos passageiros nas canoas, e muito mais lamentar aos miseráveis rameiros delas, que os maiores que cá foram mandados, em vez de governar e aumentar o mesmo Estado, o destruíram; porque toda a fome que de lá traziam, a fartavam em comer e devorar os pequenos.

Assim foi; mas se entre vós se acham acaso alguns dos que, seguindo a esteira dos navios, vão com eles a Portugal e tornam para os mares pátrios, bem ouviram estes lá no Tejo que esses mesmos maiores que cá comiam os pequenos, quando lá chegam acham outros maiores que os comam também a eles. Este é o estilo da divina justiça tão antigo e manifesto.

"Sermão de Santo Antônio",
pregado (aos peixes), no Maranhão, em 1654

A TRAIÇÃO DO POLVO

Mas já que estamos nas covas do mar, antes que saiamos delas, temos lá o irmão polvo, contra o qual têm suas queixas, e grandes, não menos que S. Basílio e Santo Ambrósio. O polvo com aquele seu capelo na cabeça, parece um monge; com aqueles seus raios estendidos, parece uma estrela; com aquele não ter osso nem espinha, parece a mesma brandura, a mesma mansidão. E debaixo desta aparência tão modesta, ou desta hipocrisia tão santa, testemunham constantemente os dois grandes doutores da Igreja latina e grega, que o dito polvo é o maior traidor do mar. Consiste esta traição do polvo primeiramente em se vestir ou pintar das mesmas cores de todas aquelas cores a que está pegado. As cores, que no camaleão são gala, no polvo são malícia; as figuras, que em Proteu são fábula, no polvo são verdade e artifício. Se está nos limos, faz-se verde; se está na areia, faz-se branco; se está no lodo, faz-se pardo; e se está em alguma pedra, como mais ordinariamente costuma estar, faz-se da cor da mesma pedra. E daqui que sucede? Sucede que o outro peixe, inocente da traição, vai passando desacautelado, e o salteador, que está de emboscada dentro do seu próprio engano, lança-lhe os braços de repente, e fá-lo prisioneiro. Fizera mais Judas? Não fizera mais, porque nem fez tanto. Judas abraçou a Cristo, mas outros o prenderam; o polvo é o que abraça e mais o que prende. Judas com os braços fez o sinal, e o polvo dos próprios braços faz as cordas. Judas é verdade que foi traidor, mas com lanternas diante; traçou a traição às escuras, mas executou-a muito às claras. O polvo, escurecendo-se a si, tira a vista aos outros, e a primeira traição e roubo que faz, é à luz, para que não distinga as cores. Vê, peixe aleivoso e vil, qual é a tua maldade, pois Judas em tua comparação já é menos traidor!

"Sermão de Santo Antônio",
pregado (aos peixes), no Maranhão, em 1654

"CUIDAIS QUE SÓ OS TAPUIAS SE COMEM UNS AOS OUTROS?"

Antes, porém, que vos vades, assim como ouvistes os vossos louvores, ouvi também agora as vossas repreensões. Servir-vos-ão de confusão, já que não seja de emenda.

A primeira cousa que me desedifica, peixes, de vós, é que vos comeis uns aos outros. Grande escândalo é este, mas a circunstância, o faz ainda maior. Não só vos comeis uns aos outros, senão que os grandes comem os pequenos. Se fora pelo contrário, era menos mal. Se os pequenos comeram os grandes, bastará um grande para muitos pequenos; mas como os grandes comem os pequenos, não bastam cem pequenos, nem mil, para um só grande. Olhai como estranha isto Santo Agostinho: *Homines pravis, praeversisque cupiditatibus facti sunt sicut pisces invicem devorantes:* "Os homens, com suas más e perversas cobiças, vêm a ser como os peixes que se comem uns aos outros". Tão alheia cousa é, não só da razão, mas da mesma natureza, que sendo todos criados no mesmo elemento, todos cidadãos da mesma pátria e todos finalmente irmãos, vivais de vos comer! Santo Agostinho, que pregava aos homens, para encarecer a fealdade deste escândalo, mostrou-lho nos peixes; e eu, que prego aos peixes, para que vejais quão feio e abominável é, quero que o vejais nos homens.

Olhai, peixes, lá do mar para a terra. Não, não: não é isso que vos digo: vós virais os olhos para os matos e para o sertão? Para cá, para cá; para a cidade é que haveis de olhar. Cuidais que só os Tapuias se comem uns aos outros? Muito maior açougue é o de cá, muito mais se comem os brancos. Vedes vós todo aquele bulir, vedes todo aquele andar, vedes aquele concorrer às praças e cruzar as ruas; vedes aquele subir e descer as calçadas, vedes aquele entrar e sair sem quietação nem sossego? Pois tudo aquilo é andarem buscando os homens como hão de comer e como se hão de comer. Morreu algum deles, vereis logo tantos sobre o miserável a despedaçá-lo e a comê-lo. Comem-no os herdeiros, comem-no os testamenteiros, comem-no os legatários, comem-no os credores; comem-no os oficiais dos órfãos e os dos defuntos e ausentes; come-o o médico que o curou ou ajudou a morrer; come-o o sangrador que lhe tirou o sangue; come-o a mesma mulher, que de má vontade lhe dá para a mortalha o lençol mais velho da casa; come-o o que lhe abre a cova, o que lhe tange os sinos, e os que, cantando, o levam a enterrar; enfim, ainda o pobre defunto o não comeu a terra e já o tem comido toda a terra.

"Sermão de Santo Antônio",
pregado (aos peixes) no Maranhão em 1654

O QUE ESPERAR DOS QUE FURTAM?

Encomendou El-rei D. João o Terceiro a S. Francisco Xavier o informasse do Estado da Índia por via de seu companheiro, que era mestre do príncipe; e o que o santo escreveu de lá, sem nomear ofícios, nem pessoas, foi que o verbo *rapio* na Índia se conjugava por todos os modos. A frase parece jocosa em negócio tão sério; mas falou o servo de Deus como fala Deus, que em uma palavra diz tudo. (...)

O que eu posso acrescentar, pela experiência que tenho, é que não só do cabo da Boa Esperança para lá, mas também das partes de aquém, se usa igualmente a mesma conjugação. Conjugam por todos os modos o verbo *rapio*, porque furtam por todos os modos da arte, não falando em outros novos e esquisitos, que não conheceu Donato, nem Despautério. Tanto que lá chegam, começam a furtar pelo modo indicativo, porque a primeira informação que pedem aos práticos é que lhe apontem e mostrem os caminhos por onde podem abarcar tudo. Furtam pelo modo imperativo, porque como têm o mero e misto império, todo ele aplicam despoticamente às execuções da rapina. Furtam pelo modo mandativo, porque aceitam quanto lhe mandam; e para que mandem todos, os que não mandam não são aceitos. Furtam pelo modo optativo, porque aceitam quanto lhes parece bem; e gabando as coisas desejadas aos donos delas, por cortesia sem vontade as fazem suas. Furtam pelo modo conjuntivo, porque ajuntam o seu pouco cabedal com o daqueles que manejam muito; e basta só que ajuntem a sua graça, para serem, quando menos, meeiros na ganância. Furtam pelo modo potencial, porque sem pretexto nem cerimônia usam de potência. Furtam pelo modo permissivo, porque permitem que outros furtem, e estes comprem as permissões. Furtam pelo modo infinito, porque não tem fim o furtar com o fim do governo, e sempre lá deixam raízes em que se vão continuando os furtos. Estes mesmos modos conjugam por todas as pessoas. Porque a primeira pessoa do verbo é a sua, as segundas os seus criados, e as terceiras, quantas para isso têm indústria e consciência. Furtam juntamente por todos os tempos, porque do presente (que é o seu tempo) colhem quanto dá de si o triênio; e para incluírem no presente o pretérito e o futuro, do pretérito desenterram crimes, de que vendem os perdões e dívidas esquecidas, de que se pagam inteiramente; e do futuro empenham as rendas, e antecipam os contratos, com que tudo o caído e não caído lhes vem cair nas mãos. Finalmente, nos mesmos tempos não lhes escapam os imperfeitos, perfeitos, plusquam perfeitos, e quaisquer outros, porque furtam, furtaram, furtavam, furtariam e haveriam de furtar mais, se mais houvesse. Em suma, que o sumo de toda esta rapante conjugação vem a ser o supino do mesmo verbo: a furtar para furtar. E quando eles têm conjugado assim toda a voz ativa, e as miseráveis províncias suportado toda a passiva, eles, como se tiveram feito grandes serviços tornam carregados de despojos e ricos; e elas ficam roubadas e consumidas.

É certo que os reis não querem isto, antes mandam em seus regimentos tudo o contrário; mas como as patentes se dão aos gramáticos destas conjugações tão peritos, ou tão cadimos nelas; que outros efeitos se pode esperar dos seus governos?

"Sermão do Bom Ladrão",
pregado na Igreja da Misericórdia de Lisboa, em 1655

"Já que não me querem ouvir os homens, ouçam-me os peixes"

Vós, diz Cristo, Senhor nosso, falando com os pregadores, sois o sal da terra: e chama-lhes sal da terra, porque quer que façam na terra o que faz o sal. O efeito do sal é impedir a corrupção; mas quando a terra se vê tão corrupta como está a nossa, havendo tantos nela que têm o ofício de sal, qual será ou qual pode ser a causa desta corrupção? Ou é porque o sal não salga, ou porque a terra não se deixa salgar. Ou é porque o sal não salga, e os pregadores não pregam a verdadeira doutrina; ou porque a terra não se deixa salgar, e os ouvintes, sendo verdadeira a doutrina que lhes dão, a não querem receber. Ou é porque o sal não salga e os pregadores dizem uma cousa e fazem outra; ou porque a terra não se deixa salgar, e os ouvintes querem antes imitar o que eles fazem, que fazer o que dizem. Ou é porque o sal não salga, e os pregadores se pregam a si e não a Cristo; ou porque a terra se não deixa salgar, e os ouvintes, em vez de servir a Cristo, servem os seus apetites. Não é tudo isto verdade? Ainda mal!

Suposto, pois, que ou o sal não salgue ou a terra não se deixe salgar; que se há de fazer a este sal e que se há de fazer a esta terra? O que se há de fazer ao sal que não salga, Cristo o disse logo: *Quod si sal evanuerit, in quo salietur? Ad nihilum valet ultra, nisi ut mittatur foras et conculcetur ab hominibus.* "Se o sal perder a substância e a virtude, e o pregador faltar à doutrina e ao exemplo, o que se lhe há de fazer é lançá-lo fora como inútil, para que seja pisado de todos". Quem se atrevera a dizer tal cousa, se o mesmo Cristo e não pronunciara? Assim como não há quem seja mais digno de reverência e de ser posto sobre a cabeça que o pregador que ensina e faz o que deve, assim é merecedor de todo o desprezo e de ser metido debaixo dos pés o que com a palavra ou com a vida prega o contrário.

Isto é o que se deve fazer ao sal que não salga. E à terra que se não deixa salgar, que se lhe há de fazer? Este ponto não resolveu Cristo, Senhor nosso, no Evangelho; mas temos sobre ele a resolução do nosso grande português Santo Antônio, que hoje celebramos, e a mais galharda e gloriosa resolução que nenhum santo tomou.

Pregava Santo Antônio em Itália, na cidade de Arimino, contra os hereges, que nela eram muitos; e como erros de entendimento são dificultosos de arrancar, não só não fazia fruto o santo, mas chegou o povo a se levantar contra ele e faltou pouco para que lhe não tirassem a vida. Que faria neste caso o ânimo generoso do grande Antônio? Sacudiria o pó dos sapatos, como Cristo aconselha em outro lugar? Mas Antônio, com os pés descalços não podia fazer esta protestação: e uns pés a que se não pegou nada da terra, não tinham que sacudir. Que faria logo? Retirar-se-ia? Calar-se-ia? Dissimularia? Daria tempo ao tempo? Isso ensinaria porventura a prudência ou a covardia humana; mas o zelo da glória divina, que ardia naquele peito, não se rendeu a semelhantes partidos. Pois o que fez? Mudou somente o púlpito e o auditório, mas não desistiu da doutrina. Deixa as praças, vai-se às praias; deixa a terra, vai-se ao mar, e começa a dizer a altas vozes: "Já que não me querem ouvir os homens, ouçam-me os peixes".

"Sermão de Santo Antônio",
pregado (aos peixes), no Maranhão,
supõe-se que em 13 de junho de 1654

"Peixes! Quanto mais longe dos homens, tanto melhor!"

O elogio dos peixes

Falando dos peixes, Aristóteles diz que só eles, entre todos os animais, se não domam nem domesticam. Dos animais terrestres, o cão é tão doméstico, o cavalo tão sujeito, o boi tão serviçal, o bugio tão amigo ou tão lisonjeiro, e até os leões e os tigres com arte e benefícios se amansam. Dos animais do ar, afora aquelas aves que criam e vivem conosco, o papagaio nos fala, o rouxinol nos canta, o açor nos ajuda e nos recreia; e até as grandes aves de rapina, encolhendo as unhas, reconhecem a mão de quem recebem o sustento. Os peixes, pelo contrário, lá se vivem nos seus mares e rios, lá se mergulham nos seus pegos, lá se escondem nas suas grutas, e não há nenhum tão grande que se fie do homem nem tão pequeno que não fuja dele. Os autores comumente condenam esta condição dos peixes, e a deitam à pouca docilidade ou demasiada bruteza; mas eu sou de mui diferente opinião. Não condeno, antes louvo muito aos peixes este seu retiro, e me parece que, se não fora natureza, era grande prudência. Peixes! quanto mais longe dos homens, tanto melhor! Trato e familiaridade com eles, Deus vos livre! Se os animais da terra e do ar querem ser seus familiares, façam-no muito embora, que com suas pensões o fazem. Cante-lhes aos homens o rouxinol, mas na sua gaiola; diga-lhes ditos o papagaio, mas na sua cadeia; vá com eles à caça o açor, mas nas suas piozes; faça-lhes bufonerias o bugio, mas no seu cepo; contente-se o cão de lhes roer um osso, mas levado onde não quer pela trela; preze-se o boi de lhe chamarem formoso ou fidalgo, mas com o jugo sobre a cerviz, puxando pelo arado e pelo carro; glorie-se o cavalo de mastigar freios dourados, mas debaixo da vara e da espora; e se os tigres e os leões lhe comem a ração da carne que não caçaram no bosque, sejam presos e encerrados com grades de ferro. Entretanto vós, peixes, longe dos homens e fora dessas cortesanias, vivereis sós convosco, sim, mas como peixe na água. De casa e das portas adentro tendes o exemplo de toda esta verdade, o qual vos quero lembrar, porque há filósofos que dizem que não tendes memória.

No tempo de Noé sucedeu o dilúvio que cobriu e alagou o mundo, e de todos os animais, quais livraram melhor? Dos leões escaparam dois, leão e leoa, e assim dos outros animais da terra; das águias escaparam duas, fêmea e macho, e assim das outras aves. E dos peixes? Todos escaparam; antes não só escaparam todos, como ficaram mais largos que antes, porque a terra e o mar tudo era mar. Pois se morreram naquele universal castigo todos os animais da terra e todas as aves, por que não morreram também os peixes? Sabeis por quê? Diz Santo Ambrósio: porque os outros animais, como mais domésticos ou mais vizinhos, tinham mais comunicação com os homens, os peixes vivem longe ou retirados deles. Facilmente pudera Deus fazer que as águas fossem venenosas e matassem todos os peixes, assim como afogaram todos os outros animais. Bem o experimentais na força daquelas ervas com que, infeccionados os poços e lagos, a mesma água vos mata; mas como o dilúvio era um castigo universal que Deus dava aos homens por seus pecados, e ao mundo pelos pecados dos homens, foi altíssima providência da divina Justiça que nele houvesse esta diversidade ou distinção, para que o mesmo mundo visse que da companhia dos homens lhe viera todo o mal; e que por isso os animais que viviam mais perto deles foram também castigados e os que andavam longe ficaram livres. Vedes, peixes, quão grande bem é estar longe dos homens.

"Sermão de Santo Antônio",
pregado (aos peixes) no Maranhão, em 1654

Cartas

"O remédio (...) consiste em que se mude e melhore a forma porque até agora foram governados os índios." (...)

Carta do Pe. Antônio Vieira
ao Rei D. João IV de Portugal,
em 6 de abril de 1654

Pe. Antônio Vieira
Gravura de Arnold van Westerhout

Os Jesuítas no Brasil

Ao Geral da Companhia de Jesus[1]
1626 — setembro 30

Pax Christi

Ainda que a guerra algumas vezes não impede a pena com que se exprimem os sucessos dela, contudo, é ela outras vezes tal (como esta em que nos achamos) que tudo perturba e não dá lugar a escrituras; pelo menos as que são mais largas, e requerem tempo e algum descanso. Por esta razão, até agora se não escreveu nem mandou Ânua a Vossa Paternidade, desde o ano de 1624 para cá; e também porque não vieram relações dos outros colégios e casas; e algumas vieram tarde por falta de embarcações, e pelas dificuldades das navegações que, neste tempo tão trabalhoso, foram maiores que nunca. Pelo que, sou forçado a dar a Vossa Paternidade conta nesta do que sucedeu nos dois anos de 1624 e 1625, e ainda não de tudo;

(1) Padre Mucio Vitelleschi, em exercício de 1615 a 1645. Manuscrito apógrafo da Biblioteca Nacional do Rio de Janeiro, com o título: "Annua ou Annaes da Provincia do Brazil dos dous annos de 1624, e de 1625. E successos respectivos ás Cazas que por esse tempo conservavão naquelle Estado os extinctos Jesuitas: E por dizer respeito à mesma Narração se tracta da Violencta entrada, que os Hollandezes fizerão naquellas p.tes e principalmente na Cidade da Bahia com a curiosa exposição da sua situação progressos, e miudas circunstancias dessa falta (sôlta ?) e attrevida Invazão. ESCRITA por comissão, e obed.cia dos seus Superiores Pelo Padre ANTONIO VIEIRA da mesma Companhia". Impresso em *Annaes da Bibliotheca Nacional do Rio de Janeiro*, vol. XIX (1897), e pela primeira vez, parcialmente, na *Revista do Instituto Historico e Geographico Brasileiro*, vol. X (1843).

porque em todas as partes do Brasil houve tais sobressaltos que impediram o notar e não deram lugar a escrever.

Sustenta esta província do Brasil, pouco mais ou menos, 120 padres da Companhia: 90 sacerdotes, dos quais 31 são professos de quatro votos, de três solenes 2, coadjutores espirituais formados 20; 62 estudantes; coadjutores 50, e destes, 30 formados. Estes todos divididos em três colégios, seis casas, e treze aldeias anexas às mesmas casas e colégios. No colégio da Bahia residem comumente 80; no de Pernambuco 40; 35 no do Rio de Janeiro; na residência do Espírito Santo 12; na de Santos 5; na de S. Paulo 7; na casa dos Ilhéus 4; em Porto Seguro 4; e 4 no Maranhão. Todos eles se ocupam em procurar de alcançar a salvação e perfeição própria e das almas, que é o fim da nossa Companhia. (...)

Contra a escravização dos índios

A El-Rei D. João IV

Senhor:

E sabe Deus, que com muito zelo do seu serviço, desejo que se guarde justiça a essa pobre gente, para o que vos encomendo muito me advirtais de tudo o que vos parecer necessário porque fazeis nisso muito serviço a Deus e a mim. *Estas palavras, senhor, são de Vossa Majestade, na carta que foi servido mandar-me escrever, e muito dignas de Vossa Majestade; e porque as injustiças que se fazem a esta pobre e miserabilíssima gente não cabem em nenhum papel, direi somente neste o modo com que se poderão remediar, depois de o ter considerado e encomendado a*

Deus, e o ter conferido com algumas pessoas das mais antigas, experimentadas e bem intencionadadas deste Estado, posto que são nele poucos os que podem dar juízo nesta matéria, que sejam livres de suspeita e dignos de fé; porque todos são interessados nos índios, e vivem, e se remedeiam das mesmas injustiças que Vossa Majestade deseja remediar.

O remédio pois, senhor, consiste em que se mude e melhore a forma por que até agora foram governados os índios; o que se poderá fazer, mandando Vossa Majestade guardar os capítulos seguintes:

I. Que os governadores e capitães-mores não tenham jurisdição alguma sobre os ditos índios naturais da terra, assim cristãos como gentios, e nem para os mandar, nem para os repartir, nem para outra alguma coisa, salvo na atual ocasião de guerra, a que serão obrigados a acudir, eles e as pessoas que os tiverem a seu cargo, como fazem em toda a parte; e para serviço dos governadores se lhe nomeará um número de índios conveniente, atendendo à qualidade e autoridade do cargo, e à quantidade que houver dos ditos índios.

II. Que os ditos índios tenham um procurador geral em cada capitania, o qual procurador assim mesmo seja independente dos governadores e capitães-mores, em todas as coisas pertencentes aos mesmos índios; e este procurador seja uma das pessoas mais principais e autorizadas, e conhecida por de melhores procedimentos, ao qual elegerá o povo no princípio de cada ano, podendo confirmar ao mesmo ou eleger outro, em caso que não dê boa satisfação de seu ofício, o qual ofício exercitará com a jurisdição, e nos casos que a diante se apontam.

III. Que os ditos índios estejam totalmente sujeitos, e sejam governados por pessoas religiosas, na forma que se costuma em todo o Estado do Brasil; porquanto, depois de se intentarem todos os meios, tem mostrado a experiência que, segundo o natural e a capacidade dos índios, só por este modo podem ser bem governados, e conservarem-se em suas aldeias.

IV. Que no princípio de cada ano se faça lista de todos os índios de serviço, que houver nas aldeias de cada capitania, e juntamente de todos os moradores dela, e que conforme o número dos ditos índios e dos ditos moradores, se faça repartição dos índios que houverem de servir aquele ano a cada um, havendo respeito à pobreza ou cabedal dos ditos moradores, de maneira que a dita repartição se faça com toda a igualdade, sendo em primeiro lugar providos os pobres, para que não pereçam; e as sobreditas listas e repartição a faça o prelado dos religiosos que administrar os ditos índios, e o Procurador geral de cada capitania, conforme suas consciências, sem na dita repartição se poder meter governador, nem câmara, nem outra alguma pessoa de qualquer qualidade que seja; e em qualquer dúvida, que houver por parte dos índios ou moradores acerca da repartição, recorrerão ao dito prelado e Procurador, e estarão pelo que eles resolverem, sem apelação, nem agravo, nem forma alguma de juízo.

V. Que, porquanto as aldeias estão notavelmente diminuídas, os índios se unam do modo que parecer mais conveniente, e em que os mesmos índios se conformarem, e se reduzam a menor número de aldeias, para que sejam e possam ser melhor doutrinados, e que as ditas aldeias assim unidas se ponham nos sítios e lugares que forem mais acomodados, assim para o serviço da república(1)*, como para a conservação dos mesmos índios.*

VI. Que, para que os índios tenham tempo de acudir às suas lavouras e famílias, e possam ir às jornadas dos sertões, que se hão de fazer para descer outros, e os converter à nossa santa fé, nenhum índio possa trabalhar fora da sua aldeia cada ano, mais que quatro meses, os quais quatro meses não serão juntos por uma vez, senão repartidos em duas, para que desta maneira se evitem os desserviços

(1) *República.* Antigamente, a palavra era usada com o seu sentido etimológico: coisa pública, bem público.

de Deus, que se seguem de estarem muito tempo ausentes de suas casas.

VII. Que, para que os índios sejam pagos de seu trabalho, nenhum índio irá servir a morador algum, nem ainda nas obras públicas do serviço de Sua Majestade, sem se lhe depositar primeiro o seu pagamento, o qual porém se lhe não entregará senão trazendo escrito de que tem trabalhado o tempo por que se concertaram; e para o dito depósito dos pagamentos, haverá uma arca com duas chaves em cada aldeia, uma que terá o religioso que administrar, e outra o Principal da mesma aldeia.

VIII. Que todas as semanas ou todos os quinze dias, conforme o número das aldeias, haverá uma feira dos índios, à qual cada aldeia por seu turno trará a vender todos os frutos das suas lavouras, e o mais que tiverem, o que servirá assim de que as povoações dos portugueses tenham abundância de mantimentos, como de que os índios levem delas as coisas necessárias a seu uso, e se animem com este comércio a trabalhar; e, para que não se lhes possa fazer algum engano nos preços das coisas, que lhes forem dadas por comutação das suas, presidirá nesta feira o Procurador dos índios, ou pessoa a quem ele o cometer, eleita por ele e pelo prelado dos religiosos, que na capitania tiverem a seu cargo os índios.

IX. Que as entradas, que se fizerem ao sertão, as façam somente pessoas eclesiásticas, como Vossa Majestade tem ordenado aos capitães-mores, sob pena de caso maior em seus regimentos, e que os religiosos, que fizerem as ditas entradas, sejam os mesmos que administrem os índios em suas aldeias. Porque, sendo da mesma sujeição e doutrina, melhor os obedecerão e respeitarão, e irão com eles mais seguros de alguma rebelião ou traição.

X. Que pela causa sobredita, e por evitar bandos[2] *entre os índios, que naturalmente são vários e inconstantes, e desejosos de novida-*

---

(2) *Bandos:* parcialidades, divisões, lutas civis.

des, e para que a doutrina que aprenderem, seja a mesma entre todos sem diversidades de pareceres, de que se podem seguir graves inconvenientes, ainda que neste Estado há diferentes religiões, o cargo dos índios se incomende a uma só, aquela que Vossa Majestade julgar que o fará com maior inteireza, desinteresse e zelo, assim do serviço de Deus, e salvação das almas, como do bem público.

XI. Que nenhuns índios se desçam do sertão, sem primeiro se lhe fazerem suas roças e aldeias, onde possam viver, e que não sejam obrigados a entrar na pauta dos índios de serviço, na forma acima dita, senão depois de estarem mui descansados do trabalho do caminho, e doutrinados e domesticados, e capazes de serem aplicados ao dito serviço dos moradores, que sempre se deve fazer sem nenhuma violência, nem opressão dos índios.

XII. Que, se nas entradas que se fizerem ao sertão, forem achados alguns índios de corda(3)*, ou que de alguma outra maneira sejam julgados por justamente cativos, estes tais se poderão resgatar, com condição que os religiosos, com assistência do cabo que for, julguem primeiro os ditos cativeiros por justos e lícitos, examinando-os por si mesmos; e, para este fim, irão sempre às ditas jornadas religiosos que sejam juntamente bons línguas e bons teólogos, e quando menos, que um seja bom teólogo, outro bom língua.*

XIII. Que em caso que os ditos resgates se façam nas entradas do sertão, a repartição deles se faça pro rata *por todos os moradores do Estado, conforme o número dos índios que se resgatarem, começando sempre pelos mais pobres, para que tenham quem os ajude; e os repartidores serão os mesmos Procurador geral e Prelado da Religião, que, como fica dito, hão de repartir os índios forros para o serviço.*

---

(3) *Índios de corda.* Assim eram designados aqueles índios que, à chegada dos portugueses, estavam prisioneiros de guerra de outros índios, e atados como cativos, ou prestes a serem mortos.

XIV. Que, porquanto as jornadas ao sertão, que se fazem, são ordinariamente perigosas, por razão dos bárbaros, para segurar os religiosos e os índios que forem nas ditas jornadas, haja companhia de soldados brancos, a qual ou inteira ou dividida lhe dê escolta, conforme a necessidade o pedir; e que a dita companhia se chame da Propagação da Fé; e para ela será escolhido capitão e soldados de maior cristandade e capacidade para o sertão, aos quais Vossa Majestade honre com algum privilégio particular; e que o dito capitão e soldados não seja companhia criada de novo, senão uma das mesmas que há, formada de ramo delas, e que só esteja sujeita aos governadores, e capitães-mores em ocasião de guerra atual, ou delito que cometesse, e no mais estará à disposição do Prelado maior da Religião que tiver a seu cargo as missões do sertão, que também será missionário geral de todo o Estado; e conforme o que o dito missionário geral dispuser, o dito capitão ouvirá ou mandará os soldados que forem necessários para cada uma das missões com seus cabos, e os ditos cabos somente terão jurisdição na disposição de guerra, em caso que se haja de fazer, a qual sempre será defensiva, e de nenhuma maneira se intrometerão a praticar os índios, nem por si, nem por outrem, sob pena de caso maior, como Vossa Majestade tem ordenado.

XV. Que as peças, que se levarem ao sertão para os ditos resgates, irão entregues ao dito cabo que for nas ditas entradas, ou a alguma das ditas pessoas brancas que forem na mesma tropa, de quem o povo mais as confiar, o qual dará conta do dito cabedal à Câmara, ou a quem lhe fizer a dita entrega.

XVI. Que os índios, que se descerem, se porão nos lugares que forem mais acomodados e necessários à conservação, e aumento do Estado; mas isto não fazendo força ou violência alguma aos mesmos índios, senão por vontade; e, se na descida dos ditos índios se fizerem algumas despesas, serão à custa das capitanias em que os ditos índios se puserem.

XVII. Que, para que nas aldeias haja muita gente de serviço, e os índios se conservem em maior simplicidade e sujeição, se não multipliquem nas aldeias oficiais de guerra, e somente haja, como no estado do Brasill, os Principais e meirinhos[4], *e um capitão da guerra, e quando muito, um sargento-mor por estar introduzido. Mas, porque seria grande desconsolação dos índios, que ao presente têm os ditos cargos, se lhes fossem tirados, se conservarão neles até que se extingam, e não se meterão outros em seu lugar.*

XVIII. Que a eleição dos ditos oficiais se não faça pelos governadores, nem por provisões suas, senão pelos Principais das mesmas aldeias, com parecer dos religiosos que as tiverem a seu cargo, sem provisão alguma, mais que uma simples nomeação, como se faz no Brasil, para que os pobres índios não sejam enganados com semelhantes papéis, como até agora foram, nem se lhes paguem com eles seus trabalhos; e somente quando faltasse sucessor ao Principal de toda a aldeia, ou nação, e se houvesse de fazer eleição em outro, no tal caso proporão os ditos Prelados, e Procurador geral dos índios a pessoa que entre eles tiver mais merecimento, e lhes for mais bem aceita, e o governador ou capitão-mor em nome de Vossa Majestade lhe passará provisão.

XIX. Que, para que os religiosos, que agora e pelo tempo em diante tiverem o cargo dos ditos índios, não tenham ocasião de os ocupar em interesses particulares seus, não possam os ditos religiosos ter fazenda, nem lavoura de tabacos, canaviais, nem engenhos, nos quais trabalhem índios, nem livres, nem escravos. E os índios, que lhes forem necessários para o serviço dos seus conventos, se lhes repartirão na forma sobredita, assim a eles, como aos religiosos das outras Religiões, conforme a necessidade dos ditos conventos, e quantidade que houver de índios.

Estes são, senhor, os meios pelos quais sendo governados os índios, cessarão de uma vez os inconvenientes gravíssimos, que com razão dão tanto cuidado a Vossa Majestade; e para prova do zelo e

(4) *Meirinhos.* Antigo oficial de justiça, cujas funções consistiam em prender, citar, penhorar e executar diversos mandatos judiciais.

desinteresse, com que vão apontados, não quero mais justificação que a dos mesmos capítulos. Muitas coisas das que neles se propõem estão já qualificadas, ou com o uso do Estado do Brasil, recebido depois de larga experiência, ou com provisões e regimentos de Vossa Majestade, nos quais Vossa Majestade tem mandado o mesmo que aqui se aponta. Atendeu-se neste papel não só ao remédio das injustiças a que Vossa Majestade quer acudir, mas também ao serviço, conservação e aumento do Estado, que todo consiste em ter índios que o sirvam, os quais até agora o não serviam, ainda que os tivesse. O ponto da repartição dos ditos índios, que é o principal, parece que se não pode fazer com mais justificação, e põe-se juntamente nas mãos de um secular eleito pelo povo, e de um religioso Prelado, para que o religioso seja olheiro do secular, e o secular do religioso, e em um esteja seguro o zelo e em outro a conveniência. Não é este o estilo que se usa no Brasil; porque lá todo o governo dos índios depende absolutamente dos religiosos, sem se fazer lista de índios, nem repartição, nem haver procurador adjunto, nem outra alguma forma, mais que a verdade e estilo dos mesmos religiosos, que a experiência tem mostrado que basta; mas aqui não se trata só do justo, senão também do justificado. Por este modo, senhor, e só por ele, poderão os índios já cristãos conservar-se em suas aldeias, e serem doutrinados nelas: haverá quem leve os missionários aos sertões a trazer muitos outros à fé e obediência de Vossa Majestade; terão remédios os pobres que hoje perecem; cessarão as injúrias e injustiças dos que governam; e finalmente ficarão desencarregadas as consciências de quantos nelas têm parte, que são quase todos.

Este é, senhor, o meu parecer, e o de todos os missionários que nestas partes andamos, e temos experimentado e padecido os inconvenientes que do contrário se seguem; e tudo o que aqui se aponta e refere ser conforme ao que entendemos em nossas consciências, o certifico de todos, e de mim o juro in verbo sacerdotis[5].

---

(5) *In verbo sacerdotis:* sob palavra de Sacerdote.

Só parece que faltava dizer aqui, que religiosos, ou que Religião há de ser a que tenha a seu cargo os índios na forma sobredita; mas neste particular não tenho eu, nem posso ter voto, porque sou padre da Companhia. Só digo que é necessário que seja uma Religião de mui qualificada e segura virtude, de grande desinteresse, de grande zelo da salvação das almas, e letras mui bem fundadas, com que saiba o que obra, e o que ensina; porque os casos que cá ocorrem são grandes, e muitos deles novos e não tratados nos livros. Enfim, senhor, a Religião seja aquela que Vossa Majestade julgar por mais idônea para tão importante empresa, se seja qualquer que for. Cá tive notícia que Vossa Majestade encarregara a conversão de Cabo Verde e Costa da Guiné aos Padres Capuchinhos de Itália, e me pareceu eleição do céu, e mui digna de Vossa Majestade, pelo grande conceito que tenho do espírito e zelo daqueles religiosos. E lembrado estará o secretário Pedro Vieira, que lhe falei eu mesmo neles para este fim da conversão das almas, e lhe disse, que tomara que no nosso Reino se trocara esta Religião por alguma outra, suposto não ser ela capaz de se multiplicar.

Mas qualquer que seja a Religião a que Vossa Majestade encomendar a conversão deste Estado, se ela e os índios não estiverem independentes dos que governarem, Vossa Majestade pode estar mui certo que nunca a conversão irá por diante, nem nela se farão os empregos que a grandeza da conquista promete; porque estas terras não são como as da Índia ou Japão, onde os religiosos vão de cidade em cidade, mas tudo são brenhas sem caminho, cheias de mil perigos e rios de dificultosíssima navegação, pelos quais os missionários não hão de ir nadando, senão em canoas, e essas muitas e bem armadas, por causa dos bárbaros; e estas canoas, e os mantimentos para elas, e os remeiros, e os guias, e os principais defensores, tudo são índios, e tudo é dos índios; e se os índios andarem divertidos nos interesses dos governadores, e não dependerem somente dos religiosos, nem eles os terão para as ditas missões, nem estarão doutrinados como convém para elas, nem lhes obedecerão, nem lhes serão fiéis, nem se fará nada. Pelo contrário, só dizer-se aos índios do sertão que não hão de ser sujeitos aos governadores bastará para que todos se desçam com grande facilidade, e se venham fazer cristãos; porque só a fama e o medo do trabalho e opressão, em que os trazem os que governam, é o que os detém nos seus matos, como cada dia no-lo mandam dizer, e é coisa tão notória, como digna de se lhe pôr remédio. Maranhão, 6 de abril de 1654.

Antônio Vieira

A Amazônia no século XVII

Ao Padre Provincial do Brasil
1654

O dia depois de São Tomé gastámos em espalmar e calafetar as canoas, e acabar de prevenir cordas, para passar as cachoeiras em que de aqui por diante havemos de entrar. E não cause estranheza o calafetar das canoas, porque posto que aqui se fazem de um só pau, como no Brasil, são porém abertas pela proa e pela popa, e acrescentadas pela borda com falcas, para ficarem mais altas e possantes; e assim as costuras destas, como os escudou ou rodelas com que se fecham a proa e popa, necessitam de calafeto. Os armazéns, de que se tiram todos estes aprestos, são os que a natureza tem prontos, em qualquer parte deste rio aonde se aporta (o mesmo é nos mais), que é coisa verdadeiramente digna de dar graças à providência do Divino Criador, porque indo nesta jornada trezentas pessoas (é o mesmo como se foram três mil) em embarcações calafetadas, breadas, tolda-

das, velejadas e não providas de bastimentos mais que uma pouca de farinha, em qualquer parte que chegamos achamos prevenido de tudo a pouco trabalho. A estopa se faz de casca de árvores sem mais indústria que despi-las. Destas mesmas, ou outras semelhantes, fazem os índios as cordas mais fortes e bem torcidas e cochadas, sem rodas, carretilhas, nem outro algum artifício. Os toldos se fazem de vimes, que cá chamam timbóstiticas e certas folhas largas a que chamam ubi, tão tecidos e tapados que não há nenhuns que melhor reparem do sol, nem defendam da chuva por mais grossa e continuada, e são tão leves que pouco peso fazem à embarcação. O breu sai da resina das árvores, de que há grande quantidade nestas partes, e se breiam com ele não só as canoas, senão os navios de alto bordo, quando querenam, tão bem como o nosso, senão que este é mais cheiroso. As velas, se as não há ou rompem as de algodão, não se tecem mas lavram-se com grande facilidade, porque são feitas de um pau leve e delgado, que com o benefício de um cordel se serra de alto abaixo, e se dividem em tabuinhas de dois dedos de largo; e com o mesmo de que fazem as cordas, que chamam embira, amarram e vão tecendo as tiras como quem tece uma esteira, e este pau de que elas se formam se chama jupati, e estas velas, que se enrolam com a mesma facilidade que uma esteira, tomam e mais vento que o mesmo pano.

É um louvor a Deus. Tudo isto se arma e sustenta sem um só prego, o que se não vê uma canoa para o intento, pois todo o pregar se supre com atar, e o que havia de fazer o ferro, fazem os vimes, a que também chamam cipós, muito fortes, com que as mesmas partes da canoa se atracam; e tudo quanto dela depende vai tudo seguro e firme como se fora pregado.

Nos bastimentos há a mesma facilidade, porque primeiramente a aguada vai debaixo da quilha, e em qualquer parte, e em qualquer hora que se tira, é fresca e muito sadia. Em abicando as canoas à terra saem os índios, uns à caça, outros à pesca, e a pouca detenção trazem de uma e outra muitas vezes em grande abundância, e sem-

pre o que basta para todos. No mesmo tempo (sendo inverno) se ocupam outros em fazer as casas, que se fazem todos os dias, quando se não tem por melhor passar à sombra do arvoredo, que sempre é verde, alto e tapado. As casas são ordinariamente cobertas de palma, e, quando na jornada vai tropa de portugueses, se fazem tão largas e reparadas que mais parecem para viver, que para as poucas horas para que são levantadas. (...)

(Sem dia nem mês)

Quem defende os Índios

A El-Rei D. João IV

Senhor:

Por carta de Vossa Majestade, escrita em 9 de abril de 1655, me ordena Vossa Majestade por seu real e católico zelo, vá dando conta sempre a Vossa Majestade do que for sucedendo nestas cristandades, e do que se oferecer necessário para o bem delas, como neste farei.

Tanto que cheguei, senhor, ao Maranhão, conforme o regimento de Vossa Majestade, tomei logo posse das aldeias dos índios, e enviei a elas religiosos, que com maior assistência do que até agora, tratassem de sua doutrina, como fazem com grande proveito daquelas almas.

Ao Pará, onde é maior o desamparo, me passei logo; e, porque as aldeias estão mui distantes, e mui despovoadas de gente, pelas desordens do tempo passado, reparti por elas três missões, cada uma de dois religiosos, para que continuamente as andem correndo e visitando, enquanto se não ajuntam, conforme a ordem de Vossa Majestade, e se põem em capacidade de haver nelas residência. Também deixei dois padres no Gurupi, que é outra capitania, sita entre o Maranhão e Pará, onde há duas aldeias de índios.

Ao Gurupá, que é na boca do rio das Amazonas, não pude ir, por ser forçosa a minha assistência no Pará, ao exame e juízo dos cativeiros da lei de 1652 (1), e para outros negócios de serviço de Deus e de Vossa Majestade; mas enviei dois religiosos que tomassem à sua conta as aldeias daquele distrito: levaram estes religiosos consigo mais de cem índios libertados, dos que os portugueses tinham cativado no rio das Amazonas, sendo amigos e confederados nossos, e foi este resgate uma boa prova das novas ordens de Vossa Majestade, a favor dos índios, que os padres lhes foram publicar, e com que eles ficaram mui contentes e animados, e já são partidos por diferentes braços do rio a levar a mesma nova aos de suas nações, algumas das quais são populosíssimas, e se esperam por este meio grandes conversões.

À grande ilha chamada dos Joanes (Ilha de Marajó), foi outra missão de dois religiosos, em companhia das tropas de guerra que a ela se mandaram, pelas razões de que já se fez aviso a Vossa Majestade; e posto que os padres têm oferecido a paz àquelas nações, mas como é em companhia das armas, e eles estão tão escandalizados dos agravos que dos portugueses têm recebido, não admitiram até agora a prática da paz, e há poucas esperanças de que venham tão cedo a admiti-la, porque dizem que conhecem mui bem a ver-

---

(1) Lei de 1652. Refere-se à Ordem Régia, publicada no Maranhão, quinze dias após a chegada, àquela capitania, do Pe. Antônio Vieira, a qual teve logo de ser suspensa, por virtude de graves distúrbios, que então, ali, se verificaram.

dade dos portugueses, e que não querem que os cativem, como tantas vezes fizeram; e esta experiência tão larga das injustiças que sempre lhes fizemos, senhor, é a maior dificuldade que tem a conversão destas gentilidades. Quando vim a primeira vez, foram dois padres ao rio de Pinaré, que é no Maranhão; fizeram descer alguma gente de nação Guajajaras, e por temor do trato que viam dar aos outros índios, se tornou grande parte deles para os matos. Da missão que fiz ao rio dos Tocantins, já Vossa Majestade foi informado como aqueles índios se repartiram e despedaçaram por onde quis a cobiça de quem então governava; agora achei que muitos estavam vendidos por cativos.

Neste mesmo ano mandaram os padres uma embaixada (como cá dizem) à nação dos Tupinambás ou Tupiniquins, que dista trezentas léguas pelo mesmo rio acima, e é a gente mais nobre e mais valorosa de todas estas terras; e levaram tais novas alguns dos que de lá vieram, que, indos os padres buscar a todos, houve muitos que não quiseram vir, dizendo, que do bom trato que lhe faziam os padres bem certificados estavam, mas que só dos portugueses se temiam, e que enquanto não tinham maiores experiências de se guardarem as novas ordens de Vossa Majestade, que os padres lhes contavam, não se queriam descer para tão perto dos portugueses. Isto disseram e fizeram muitos dos mais velhos daquela nação, e dos que pareciam entre eles mais prudentes, a quem seguiam os de sua obediência. Mas outros, a quem Deus parece tinha escolhido, se vieram de mui boa vontade, com os padres; chegaram a esta cidade do Pará na oitava de Todos os Santos, com sessenta canoas carregadas desta gente, em que vinham mais de mil almas, das quais no caminho foram algumas para o céu; dos demais estão já batizados os inocentes, e os adultos se vão catequizando.

Chegados estes índios, sucedeu uma coisa digna de se saber, para remédio de muitas que neste Estado se usam do mesmo gênero. Haverá oito anos que se fez uma entrada a esta mesma nação dos Tupinambás, de que foi por cabo um Bento Rodrigues de Oliveira, e trouxeram muitos dos ditos índios por escravos: sucedeu pois que, entre os que agora vieram, muitos acharam cá seus irmãos e parentes, e, sendo filhos dos mesmos pais e das mesmas mães, uns são livres, outros escravos, sem mais razão de diferença, que serem uns trazidos pelos padres da Companhia, e outros pelos oficiais das tropas. Também nesta de Bento Rodrigues tinha ido um religioso de certa Religião, o qual trouxe grande quantidade dos ditos escravos, e foi este um dos grandes impedimentos que os padres acharam para reduzir estes índios; porque, quando lhes alegavam que eram religiosos, e que os não haviam de cativar, como tinham feito os capitães portugueses, lhes respondiam eles, que também aquele era religioso e os cativara; e, se os índios das nossas cristandades lhes não explicaram o diferente modo dos padres da Companhia, bastara este exemplo para não se reduzirem.

Esta boa opinião, que os padres têm entre os índios, os conservou e defendeu entre eles sem escolta de soldados, porque não levaram consigo mais portugueses que um cirurgião, coisa até hoje nunca vista, sendo muitas e mui bárbaras as nações por cujas terras passaram; antes trouxeram os principais ou cabeças de duas delas, persuadindo-os a que também seguissem, e se quisessem descer a ser vassalos de Vossa Majestade; e com eles temos já assentado o tempo, e o modo com que o hão de fazer. Uma destas nações é a dos Catingás, que sempre foram inimigos dos portugueses, e com guerras e assaltos têm feito muitos danos às nossas terras que lhes ficavam mais vizinhas; mas já ficam de paz, assim conosco, como com outra nação também amiga, com quem traziam guerra. Demais destas trouxeram os padres notícias de outras nações que habitam por todo aquele rio dos Tocantins, muitas das quais falam a língua geral, e se espera que com pouca dificuldade se reduzirão à nossa santa fé.

Estas são, senhor, as obras e os lugares em que ficamos ao presente ocupados, os religiosos da Companhia, que nesta missão nos achamos, os quais somos por todos vinte, e de dois em dois estamos divididos por onde o pede a maior necessidade. Da volta que faço para o Maranhão, determino de enviar missão aos índios do Camuci e do Seará, que estão para a parte do sul, e é tanto o número deles, como a necessidade que têm de doutrina.

Agora representarei a Vossa Majestade as coisas de que necessita esta missão, para ser cultivada como convém, e se colher dela o copioso fruto, que sua grandeza promete. A messe é muita, e os operários poucos; e esta é a primeira coisa de que sobre todas necessitamos. Ao Padre geral, e aos Provinciais de Portugal e do Brasil tenho dado conta desta falta; e posto que espero de seu zelo e caridade, que não faltarão com este socorro a uma empresa tão própria do nosso instituto, para que eles o façam com maior prontidão e efeito, importaria muito que Vossa Majestade o mandasse recomendar com todo o aperto aos mesmos Provinciais de Portugal e Brasil, e juntamente ao Padre Geral e Assistente de Roma, não só para que o ordenem assim aos mesmos Provinciais, mas para que da Itália e das outras nações da Europa nos venham missionários, como costumam ir para as missões da Índia, Japão e China, com que elas se têm aumentado de sujeitos de grandes letras e virtudes, que naturalmente as aumentarão, podendo prometer a Vossa Majestade, que, quando for crescendo aqui o número dos missionários, crescerá também o das conversões das almas a muitos milhares por cada um.

A segunda coisa que muito há mister esta missão, é que Vossa Majestade, senhor, nos faça mercê de que possamos viver nela quieta e pacificamente, sem as perturbações e perseguições com que os portugueses, eclesiásticos e seculares, continuamente nos molestam e inquietam. Temos contra nós o povo, as Religiões, os donatários das capitanias mores, e igualmente todos os que neste Reino e neste Estado são interessados no sangue e suor dos índios, cuja menoridade nós só defendemos; e porque sustentamos que se lhes guardem as leis e regimentos de Vossa Majestade, e os livramos se não cativem, e que aos que servem lhes paguem o seu trabalho, por estas duas causas tão justificadas incorremos no ódio e perseguição de todos, e é necessário que gastemos em nos defender destas batalhas o tempo que fora melhor empregado na conquista da fé, e exercício da doutrina a que viemos.

O remédio que isto tem, e que só pode ser efetivo, é que Vossa Majestade nessa Corte se sirva de não admitir requerimento algum sobre as matérias da nova lei e regimento, que sobre tão maduras deliberações Vossa Majestade mandou guardar neste Estado; mandando Vossa Majestade passar decretos, aos Conselhos aonde tocar, que não seja admitido nem ouvido neles, quem sobre estes particulares pretender inovar, ou alterar alguma coisa. E para Vossa Majestade o haver por bem, e mandar assim, há muitas e mui forçosas razões, que quero apontar aqui, para que sejam presentes a Vossa Majestade.

Primeira: *Porque as coisas, que Vossa Majestade foi servido resolver, todas foram examinadas e consultadas com as pessoas mais timoratas, e de maiores letras que Vossa Majestade tem em seus reinos.* Segunda: *Porque esta consulta e resolução se tomou depois de serem vistas todas as leis antigas, e Breves dos Sumos Pontífices, consultas do Conselho Ultramarino, e todos os mais documentos que podia haver na matéria.* Terceira: *Porque de tudo se deu primeira vista ao Procurador do Maranhão e Pará, os quais deram por escrito suas razões.* Quarta: *Porque em particular o que toca às missões, entradas do sertão, e governo espiritual, e político dos índios, tudo foi não só aprovado pelos mesmos procuradores, senão ajustado com eles, como consta do papel que está na Secretaria de Estado, de letra de Gaspar Dias Ferreira, que se achou na mesma conferência, e o escreveu.* Quinta: *Porque seria contra a autoridade das mesmas leis, se cada dia se mudassem.* Sexta: *Porque enquanto se não fechar a porta de uma vez a todos os requerimentos em contrário, nunca os moradores deste Estado se hão de aquietar, e só quando virem a deliberação de Vossa Majestade, em os não querer ouvir nesta matéria, acabarão de se desenganar nela, e se acomodarão ao que se tem ordenado.* Sétima: *Porque só por este meio se podem atalhar as grandes injustiças, e tiranias que neste Estado padecem os índios, cativando-se os livres, e não se pagando aos que trabalham, que são os dois pontos da lei e regimento de Vossa Majestade, e sem os quais se não podem conservar os índios nem o Estado.* Oitava: *Porque na junta que se fez sobre esta matéria, conforme o decreto de Vossa Majestade, se seguiram as opiniões mais largas, e mais favoráveis aos moradores, e tendo-se-lhes concedido tudo o que nos limites da justiça era possível, não lhes fica que pretender senão o injusto.* Nona: *Porque os mesmos religiosos, a quem Deus dá desejo de empregar a vida na conversão destas gentilidades, com a notícia destas inquietações se esfriam, e corre grande risco que os mesmos que cá têm vindo, se arrependam, porque vieram buscar a conversão das almas dos infiéis, e não a perturbação das suas.* Décima: *Porque se Vossa Majestade defende e ampara todos os seus ministros, por inferiores que sejam, com muita mais razão o merecem estes missionários, que são mandados por Vossa Majestade, e que debaixo da sua firma de Vossa Majestadde deixaram suas pátrias, e colégios, e tudo o que podiam ter e esperar das coisas humanas, só por servirem a Deus e a Vossa Majestade na maior e mais importante empresa, que é a propagação da fé, e o descargo da consciência de Vossa Majestade; e, se os ministros do Santo Ofício são com muita razão tão respeitados e venerados, porque defendem a fé na paz, quanta razão há para que os que defendem a mesma fé na campanha, e a plantam e dilatam com o sangue e com as vidas, sejam favorecidos e amparados da grandeza de Vossa Majestade por meio de seus reais ministros; e não perseguidos; e desprezados, e afrontados de todos, como são os que nesta missão servimos na qual se experimenta o que desde o princípio da Igreja se não lê de nenhuma; porque nas outras eram os pregadores favorecidos, e amparados dos cristãos, e perseguidos e martirizados dos gentios; e nesta os gentios nos amam, nos recebem, e nos veneram; e os cristãos, ainda religiosos e portugueses, são os que nos perseguem e afrontam, e sobre tudo nos perturbam, e impedem o exercício de nossos ministérios, e a conversão das almas, que é o que mais se sente.*

Finalmente, senhor, quando não houvera nenhuma outra razão, e quando tudo o que Vossa Majestade tem ordenado não fora tão justo e tão justificado como é, só pelo que agora direi o devia Vossa Majestade mandar continuar sem mudança nem alteração alguma. Tudo o que Vossa Majestade tem ordenado na última lei e regimento, está publicado aos índios, não só nestas terras e nas vizinhas, mas em outras mui apartadas e remotas, onde por recados e por escrito tem mandado o Governador, e os padres a diferentes índios das mesmas nações, para que lhes refiram o novo trato que Vossa Majestade lhes manda fazer; e como todos os índios hão de viver debaixo da proteção e doutrina dos padres da Companhia, que é o que eles desejam, pela grande fama que os ditos padres têm de serem os maiores amigos e defensores dos mesmos índios, e por isso são deles muito amados. Isto é, senhor, o que está mandado dizer a todos, o que já tem abalado a muitos das suas terras, e o que nas nossas detém a outros, que de desesperados se queriam sair delas. E se agora vissem que estas promessas e esperanças desarmavam em vão, e tornavam as coisas a correr pelo estilo que dantes, nenhum crédito se daria mais entre os índios às leis e ordens de Vossa Majestade, nem às palavras dos governadores; e os missionários perderiam toda a opinião e autoridade que têm com eles; e não só não desceriam do sertão, a ser cristãos e vassalos de Vossa Majestade, as nações que se esperam, mas ainda os cristãos e vassalos antigos desesperariam totalmente, e despovoariam suas aldeias, como outras vezes têm feito, e se arruinaria por esta via todo o fundamento do Estado e das cristandades, que consiste na conservação, e facilidade de ter índios.

Esperamos que Vossa Majestade mandará considerar o peso desta razão, e das mais, como a importância delas pede.

A muito alta e muito poderosa pessoa de Vossa Majestade guarde Deus, como a cristandade e os vassalos de Vossa Majestade havemos mister. Pará, 8 de dezembro de 1655.

Antônio Vieira

Sobre Bandarra e o Sebastianismo

Ao Padre André Fernandes[1]
1659 – abril 29

Conta me V. Sa. prodígios do mundo, e esperanças de felicidades a Portugal: diz-me V.Sa. que todos referem tudo à vinda de El-rei D. Sebastião, de cuja vinda e vida tenho já dito a V.Sa. o que sinto. Por fim ordena-me V.Sa. que mande alguma maior clareza do que tantas vezes tenho repetido a V.Sa., da futura ressurreição do nosso bom amo e senhor D. João o Quarto. A matéria é muito larga, e não para se escrever tão de caminho como eu o faço, em uma canoa em que vou navegando ao rio das Amazonas, para mandar este papel em outra a alcançar o navio que está no Maranhão de partida para Lisboa. Resumindo pois tudo a um silogismo fundamental, digo assim: — O Bandarra[2] é verdadeiro profeta; o Bandarra profetizou que El-rei D. João o Quarto há de obrar muitas cousas que ainda não obrou, nem pode obrar senão ressuscitando: logo El-rei D. João o Quarto há de ressuscitar. — *Estas três proposições somente provarei, e me parece que bastarão para a maior clareza que V.Sa. deseja.*

---

(1) Impressa em *Obras Inéditas*, t. 1.º (1856), com variantes notáveis, e muitas omissões. Parece que desta carta o próprio autor distribuiu várias cópias, mas o original, enviado ao Bispo do Japão, encontra-se no processo pelo delito de heresia, que lhe moveu o Santo Ofício, em 1663, pela Inquisição de Coimbra.

(2) Gonçalo Anes Bandarra, sapateiro, que viveu em Trancoso na primeira metade do século XVI; famoso pelas *Trovas* que compôs, de sentido profético, cuja interpretação deu origem à crença dos sebastianistas.

Prova-se a conseqüência deste silogismo

Colher bem a conseqüência deste silogismo é discurso claro e evidente, porque se Bandarra é verdadeiro profeta, como se supõe, segue-se que infalivelmente se hão de cumprir suas profecias, e que há de obrar El-rei D. João as cousas que o Bandarra tem profetizado dele; e como estas cousas não as pode obrar El-rei estando morto, como está, segue-se com a mesma infalibilidade que há de ressuscitar. Esta ilação não só é de discurso, senão ainda de fé, porque assim o inferiu Abraão e assim o confirmou S. Paulo, declarando o discurso que Abraão fizera quando Deus lhe mandou sacrificar e matar a Isaac, sobre quem o mesmo Deus lhe tinha feito tantas promessas que ainda não estavam cumpridas. Fide obtulit Abraam Isaac *(diz S. Paulo),* cum tentaretur; et Unigenitum offerebat, qui susceperat repromissiones, adquem dictum est: Quia in Isaac vocabitur tibi semen: arbitrans quia et à mortuis suscitare potens est Deus.

De sorte que Abraão, indo sacrificar a Isaac, em quem Deus lhe tinha prometido a sucessão de sua casa e outras felicidades ainda não cumpridas, fez este discurso: "Deus prometeu-me que Isaac há de ser o fundamento de minha descendência; Deus manda-me matar ao mesmo Isaac: segue-se logo que, se Deus não revogar o seu mandado, e se Isaac com efeito morrer, que Deus o há de ressuscitar". *Esta foi a conseqüência de Abraão, e esta é a minha depois de El-rei D. João o quarto morto, como já o tinha sido quando S. M. esteve no grande perigo de Salvaterra*[(3)]*; em que tantas vezes e tão constantemente o repeti, e depois preguei que, ou El-rei não havia de morrer, ou se morresse havia de ressuscitar. Assim o disse em sua vida, assim o preguei em suas exéquias,*

(3) Em 1654, quando Vieira pela primeira vez tornou do Maranhão a Portugal, e o encontrou enfermo.

assim o creio e espero; e assim o devem querer e esperar, por infalível conseqüência, todos os que tiverem a Bandarra por verdadeiro profeta, que é o que agora mostrarei.

Prova-se a primeira proposição do silogismo

A verdadeira prova do espírito profético nos homens é o sucesso das cousas profetizadas. Assim o prova a Igreja nas canonizações dos santos, e os mesmos profetas canônicos, que são parte da Escritura Sagrada, fora dos princípios da fé não têm outra prova da verdade de suas revelações ou profecias, senão a demonstração de ter sucedido o que eles tantos anos antes profetizaram.

O mesmo Deus deu esta regra para serem conhecidos os verdadeiros e falsos profetas: Quod si tacita cogitatione responderis — Quomodo possum intelligere verbum quod Domimus non est locutus? Hoc habebis signum, quod in nomine Domini propheta ille praedixerit et non evenerit, hoc Dominus non est locutus. *No capítulo 18º prometeu Deus ao povo hebreu que lhe daria profetas de sua nação, e porque no mesmo povo costumavam a se levantar profetas falsos, e podia haver dificuldade em conhecer quais eram os verdadeiros e mandados por Deus, o mesmo Deus deu por regra certa, para serem conhecidos uns e outros, o suceder ou não suceder o que se tivesse profetizado: "Se não suceder o que o profeta disser, tende-o por falso, e se suceder o que disser, tende-o por verdadeiro e mandado por mim". Não se pode logo negar que Bandarra foi verdadeiro profeta, pois profetizou e escreveu tantos anos de ser rei novo e levantado? Quem lhe disse que este rei se havia de chamar D. João, e que havia de ser feliz e descendente de infantes? Quem lhe disse que o haviam de reconhecer e aceitar logo as conquistas, e que essas de aí por diante haviam de estar firmes, sem nenhuma vacilar nem retroceder? Quem lhe disse que uma dessas conquistas havia de ser naquele tempo governada por um homem muito sizudo e muito cabeludo, e que o que governasse noutra se havia de chamar Excelência, e que era agudo, e que sendo instrumento da aclamação havia de ser tirado do cargo por suspeitas da infidelidade, e que essa infidelidade não havia de estar no seu escudo? Finalmente, quem lhe disse que o Papa não havia de aceitar este rei, e que lhe havia de suceder na coroa um infante, e não o príncipe seu primogênito? É certo que só Deus podia dizer e revelar ao Bandarra todos estes futuros e qualquer deles, e com a mesma certeza se deve ter e afirmar que foi o Bandarra verdadeiro profeta.*

Resta agora ver se profetizou Bandarra alguma cousa de El-rei D. João que ainda não esteja cumprida, que é o segundo fundamento da nossa conseqüência.

Prova-se a segunda proposição do silogismo

As cousas que o Bandarra profetizou de El-rei D. João, que ele ainda não obrou e há de obrar, são tão grandes, tão extraordinárias e tão prodigiosas que, como se as passadas não tiveram nada de admiração, começa com este prólogo a narração delas o seu profeta no Sonho segundo:

Oh! quem pudera dizer
Os sonhos que homem sonha!
Mas hei medo que ponha
Grã vergonha
De me os não quererem crer.

Isto mesmo, senhor Bispo, é profecia do que hoje vemos: há de estar Bandarra corrido e envergonhado na opinião de muitos, até que os feitos maravilhosos de El-rei D. João IV, nosso Senhor, conquistem aos versos do seu profeta a fé, que já a primeira parte deles nos tem bem merecida. (...)[4]

---

(4) Foi nesta carta que a Inquisição se baseou para conseguir o desterro do Pe. Vieira depois o processo e a prisão, antes de o condenar.

Vieira, desterrado no Porto

Ao Marquês de Gouveia[1]
1662 — setembro 9

Exmo. Sr.

Quatro sextas feiras há que são todos os correios para mim correios de Job: o primeiro me trouxe a nova da perda e sentimento de V. Exa.; o segundo a da expulsão dos padres do Pará; o terceiro a de ser mandado sair de Lisboa o sr. conde de Soure, e sobre a pessoa de V. Exa. estar determinado o mesmo, que assim mo escreveram; e este último a de ser tomado o maço do meu correspondente, em que ia também carta para V. Exa.

A dita carta continha somente a significação do meu sentimento, e o de não poder assistir ao de V. Exa. de mais perto, e era tão breve que não chegava a passar da primeira página, por não permitir mais a dor de V. Exa. nem necessitar mais o crédito da minha. Não sei de quem será esta curiosidade, nem com que fundamento ou a que fim. No correio passado não escrevi a V. Exa. em suposição do aviso que tive, e por não saber aonde nem por que via. Enfim, senhor, que nem a comunicação natural, que é do direito das gentes, se me permite, como se esse desterro fora excomunhão, sendo que ainda nessa é excetuada a necessidade e a utilidade. Veio-me ao pensamento se seria isto força do tabaco do Maranhão, que me dizem está muito valioso, por não dizer valido; mas o partido dos nossos

(1) D. João da Silva, mordomo-mor e presidente do Desembargo de Paço, em Lisboa.

inimigos está tão amparado, que não necessita a sua vitória destas diligências.

Bendito seja Deus, que sobre fazermos tantos extremos pelo ir servir, e sobre o servirmos e padecer tanto por ele, e sobre nos despojarem de nossas casas e igrejas, e nos afrontarem e nos prenderem e nos desterrarem, ainda havemos de ser réus, e isto em terra de católicos, e do mesmo rei que lá nos mandou, e cujas são as leis que se quebraram e o nome que se desprezou.

Muita paciência há mister quem isto sofre, e mais vendo-se em tal ocasião atado de pés e de mãos e até com a boca tapada. A apelação, que podia ter este desamparo, era na inteireza e cristandade do sr. conde de Soure; mas também essa quis Deus que nos faltasse; em parte o estimo, e estimara que se nos desse por juiz o maior inimigo, para que a pureza da verdade saíra da frágoa da perseguição com mais esses quilates.

Estes dias, posto que muito doente, estive respondendo aos capítulos que se apresentaram contra nós, nos quais não há palavra nem sílaba, nem letra, que não seja clara e manifesta mentira; mas estavam tão dispostos os ânimos dos afeiçoados, que assim foram recebidos neles, como se fossem verdades do Evangelho. Muito trabalhou o diabo e seus ministros para que eu não viesse a Portugal nesta demanda; e no cabo eu estou em Portugal e eles conseguem o seu intento, sinal que não é menos poderoso o diabo em Lisboa que no Maranhão. (...) Porto, 9 de setembro de 1662.

Antônio Vieira

Desterrado em Coimbra

Ao Marquês de Gouveia
1663 — fevereiro 13

Exmo. Sr.

No caminho soube juntamente da chegada e do achaque de V. Exa., e trabalhando por chegar depressa, como o pedia qualquer destes dois cuidados, há vinte e quatro horas que cheguei, e não me é ainda possível ir aos pés de V. Exa.; e vem a ser a causa os termos da ordem de S. M., em que me manda que do colégio de Coimbra não saia fora, e não têm ainda os prelados averiguado a inteligência desta clausura, nem o podem fazer hoje por estar o Padre Provincial impedido. Não pode chegar a mais a perfeição.

V. Exa. se sirva de me mandar de palavra melhores novas da saúde de V. Exa., que é só o alívio que posso ter em tanta desgraça. Essa carta veio de Lisboa.

Guarde Deus a V. Exa. muitos anos, como desejo. Coimbra, 13 de fevereiro de 1663. — Criado de V. Exa.

Antônio Vieira

Em defesa dos judeus

A D. Rodrigo de Meneses
Soli[1]

Senhor:

Vossa Senhoria não estranhe a cláusula, porque é a com que na nossa Religião se escreve aos prelados, quando a carta não há de passar a outros olhos, nem ouvidos.

Recebi a de que Vossa Senhoria me fez mercê, escrita em 31 de agosto, e a li com tanto agradecimento, como dor, a qual me atravessou a alma tantas vezes quantas li o nome de Sua Alteza, que Deus guarde. Vossa Senhoria me segura a sua graça, e eu mereço a Sua Alteza toda, porque ninguém ama e adora a sua pessoa, nem estima a sua fama, nem deseja a conservação, felicidade e aumento da sua monarquia mais que eu, e não tanto, porque falo com Vossa Senhoria a quem só reconheço igualdade neste afeto.

Manda-me Vossa Senhoria diga o que sinto acerca do caso de Odivelas, e remédio de semelhantes escândalos. Confesso a Vossa Senhoria que no mesmo dia em que chegou a nova, com a sagrada hóstia nas mãos, me senti inspirado a dizer o que se me oferecia; mas, considerando que as razões, que eu dissesse, bastava serem minhas para que não se aceitassem, me pareceu melhor deixá-las à ventura de que ocorressem a outros sem este perigo, posto que, segundo a cópia do decreto que cá chegou, vejo que ou não ocorreram ou não foram recebidas, com que me cresce novo motivo de desconfiar delas. Contudo, porque Vossa Senhoria me manda, e falo com Vossa Senhoria, farei conta que não passam de mim; e assim direi

---

(1) Soli: para uma só pessoa; confidencial.

brevissimamente o que diante de Deus julgo por mais conveniente a seu serviço, e de Sua Alteza, que é o mesmo.

Os danos, senhor, que experimentou até agora Portugal com os cristãos novos, se reduzem principalmente a cinco. Primeiro: *a contagião do sangue pela mistura com os cristãos velhos.* Segundo: *os sacrilégios ocultos que são infinitos e sabidos.* Terceiro: *a infâmia da nação, pela língua que falam, em todo o mundo.* Quarto: *a perda das Conquistas, com a extensão da heregia, e impedimento da propagação da fé, pelo que ajudam as armas, e poder dos hereges.* Quinto: *a diversão e extinção do comércio, cujas utilidades logram os estrangeiros, assim pelos mercadores que têm em Portugal, como pelos cabedais dos portugueses, que por medo da confiscação trazem seguros em todas as partes de Europa.*

Estes inconvenientes se pretenderam até agora evitar por meio da Inquisição, mas posto que este tribunal seja Santíssimo e unicamente necessário para a conservação e pureza da fé, a experiência tem-nos mostrado que não basta só ele para o remédio, e a mesma experiência ensina que, quando um remédio não aproveita, se devem buscar outros mais eficazes, como Sua Alteza com tanta piedade e prudência resolveu se fizesse.

Se os meios, que se propuseram e se têm decretado foram suficientes para acudir a estes inconvenientes, não havia mais que desejar. É porém certo que, exceto o primeiro dano dos casamentos, que em parte se remedeia, todos os outros não só ficam em pé, mas com muito mais danosas e evidentes conseqüências, assim para a mesma fé, como para o Estado. Se é este o comum sentir de Roma e de toda a Europa, informe-se Sua Alteza de seus ministros. Eu só posso testemunhar desta casa, que, como já disse a Vossa Senhoria, é uma abreviatura do mundo. Ao Padre Assistente e mais portugueses que aqui nos achamos, parece que a dita resolução se não devia tomar, e muito menos executar-se, pelos manifestos inconvenientes dela, a que não chamam menos que perdição do Reino e das Conquistas. O mesmo sentem os padres italianos, franceses e alemães, não com pouca admiração do decreto, ainda que com grande reverência do zelo de Sua Alteza. Só os castelhanos por dentro estimam muito esta expulsão, não só pelo que experimentam na sua dos granadinos, mas porque consideram a diferença, e conseqüências que se lhe podem seguir, tirados de Portugal e passados a Castela os que com os seus cabedais sustentaram a guerra.

**Suposto isto, o meu voto seria uma doutrina muito alta, mas em matéria muito baixa, como é a de que se trata, e que muito claramente demonstra tudo. O esterco (diz Santo Agostinho) fora do seu lugar suja a casa, e posto no seu lugar fertiliza o campo: e, aplicando-se a doutrina e semelhança ao nosso caso, com o maior dos doutores digo, senhor que os judeus se tirem de onde nos sujam a casa, e que se ponham onde nos fertilizem o campo. Assim o faz o Papa, e a Igreja Romana, que é a regra da fé e da cristandade, tirando desta permissão muitos proveitos espirituais, e evitando muitos inconvenientes temporais. Lancem-se de Portugal os judeus, os sacrilégios, as ofensas de Deus, e fiquem em Portugal os mercadores, o comércio, a opulência, e tenham de aqui por diante separados a doutrina, que nunca tiveram até agora, e os que se converterem serão verdadeiros cristãos, e os demais importa pouco que vão ao inferno de aí ou de outra parte, como daqui vão aos pés de S. Pedro.*

Pergunto a Vossa Senhoria pelo amor de Deus, pelo amor da fé, e pelo amor do Príncipe: Qual é melhor? Judeus declarados, ou judeus ocultos? Judeus que casem com cristãs velhas, ou judeus que não casem? Judeus que confessem e comunguem sacrilegamente, ou judeus que não façam sacrilégios? Judeus que afrontem a nação, ou judeus que a não afrontem? Judeus que enriqueçam Itália, França, Inglaterra e Holanda, ou judeus que enriqueçam a Portugal? Judeus que com seus cabedais ajudem os hereges a tomar as conquistas e impedir a propagação da fé e propagar a heresia, ou judeus que com os mesmos cabedais ajudem as armas do Príncipe mais católico a recuperar as mesmas conquistas, e dilatar a fé por todo o mundo?

Assim o tinha determinado El-rei, que está no céu, e não o fez, porque não tinha paz nem acesso ao Pontífice.

Mais, senhor, é certo que heresia é mais contagiosa que o judaísmo: antes o judaísmo não é contagioso, e a heresia sim e muito como se experimenta com todas as nações da Europa, onde tantos se fazem hereges, e nenhum judeu. Pois se Portugal em Lisboa, e em todas as praças do reino, permite hereges ingleses, holandeses, franceses, alemães, que vivem com liberdade de consciência, misturados com os católicos sem sinal e distinção, só pelas utilidades do comércio, que não são utilidades, senão destruição dele, por que razão, pelas utilidades do mesmo comércio, se não permitirá o mesmo aos judeus portugueses, estando não misturados, senão separados como em Roma, e com sinal por onde sejam conhecidos, com obrigação (como aqui) de ouvirem pregações de doutrinas, em que se impugne a sua seita?

Vejo que só se pode opor que os judeus de Portugal são batizados, mas também são batizados os calvinistas de França, e por justas causas se lhe permite a dita liberdade, e assim se pode permitir aos ditos judeus: propondo-se as causas ao Pontífice, que é o legítimo juiz desta matéria, e quando ele o resolva, ficam seguras as consciências do Príncipe e seus Ministros, e livres de todo o escrúpulo não deixando de o haver muito grande em algumas coisas que no decreto se tem resoluto, fundado sobre uma presunção muito duvidosa.

O modo da execução é assinalarem-se bairros, onde esta gente viva, e certo tempo em que se declare, sendo moralmente infalível que todo o que for judeu (pois se não afrontam antes se prezam da sua lei) se declarará, como fazem em toda a parte onde têm a dita liberdade: e os que forem verdadeiros cristãos serão conhecidos por tais, ficando sujeitos às penas do Santo Ofício, como até agora.

Isto é, senhor, resumidamente, o que me parece, e que esta imundície, que até agora se sofreu com tanta indecência, se lance em lugar separado, como faz a economia nas casas, a política nas cida-

des, a natureza nos corpos, e a utilidade e o remédio nos campos; e se acaso a Vossa Senhoria se oferecer algum reparo, como têm todas as coisas grandes, creio e espero que não será de tanto momento que possa entrar em peso com a pureza da fé, limpeza do sangue, honra da nação, opulência do reino, recuperação das Conquistas, conversão da gentilidade, e infinitas outras conseqüências a serviço de Deus e salvação das almas, não só dos cristãos e gentios, senão ainda dos mesmos judeus, como aqui se experimenta, seguindo-se do contrário tantos inconvenientes e perigos, quais se podem temer a um reino pobre, e que de vassalos úteis faça inimigos poderosos, tendo tantos e tão vizinhos. (...)

A matéria não era para tanta brevidade; mas falo com Vossa Senhoria, ficando certo que quando Vossa Senhoria reprove este pensamento, não deixará Vossa Senhoria de conhecer que tenho visto muito mundo, e ouvido aos maiores homens dele, estudado alguma coisa, e sacrificado a vida à propagação da fé, e padecido muito por ela, e que só tenho no coração a glória de Deus, o serviço e honra do meu príncipe e a conservação e aumento da sua monarquia, sem nenhum outro interesse humano. Olhemos solidamente, e não por apreensões do vulgo, para o que verdadeiramente é fé e religião, e servir a Deus e aumentar sua honra e evitar pecados e salvar almas: e se o Príncipe, que Deus guarde, quiser tudo isto, e ser juntamente o mais poderoso monarca do mundo, use da ocasião que tem entre mãos, e sem mais despesa que o seu beneplácito o poderá conseguir. Soli, soli, *outra vez. E Deus me guarde a Vossa Senhoria muitos anos, como desejo. Todos os dias digo missa pelo Príncipe, para que Deus o alumie nesta ocasião, e o faça tão grande propagador da sua fé sobre todos os do mundo, como o extremo do seu zelo e piedade merece.* Roma, 24 de outubro de 1671.

Antônio Vieira

HISTÓRIA DO FUTURO

Nenhuma coisa se pode prometer à natureza humana mais conforme a seu maior apetite, nem mais superior a toda sua capacidade, que a notícia dos tempos e sucessos futuros; e isto é o que oferece a Portugal, à Europa, ao Mundo esta nova e nunca ouvida História.

As outras histórias contam as coisas passadas, esta promete dizer as que estão por vir; as outras trazem à memória aqueles sucessos públicos que viu o mundo, esta intenta manifestar ao mundo aqueles segredos ocultos e escuríssimos que não chega a penetrar o entendimento.

Antônio Vieira

Livro Segundo

Em que se mostra que o Império há de ser este

Suposto como deixamos, que há de ser haver no Mundo um quinto e novo Império, segue-se que digamos que Império há de ser: e assim o faremos em todo este segundo Livro.

Capítulo I

Que o Quinto Império é o Império de Cristo e dos Cristãos

É conclusão certa e de fé que este Quinto Império de que falamos, anunciado e prometido pelos profetas, é o Império de Cristo e dos Cristãos. Prova-se dos mesmos textos e profecias já alegadas, sobre as quais fundaremos tudo o que dissermos nesta história, para maior clareza e firmeza dela, pois não é cerzida de pedaços ou retalhos das Escrituras, senão cortada toda da mesma peça.

Primeiramente, aquela pedra que derrubou a estátua e desfez as quatro monarquias figuradas nos quatro metais, e depois cresceu e a sua grandeza ocupou e encheu toda a Terra, é Cristo, o qual em outros muitos lugares da Sagrada Escritura se chama *Pedra.* Ele foi a Pedra que no deserto matou a sede aos filhos de Israel e os acompanhou até a Terra da Promissão. Ele foi a Pedra com que David derrubou ao gigante, em significação de que por meio e virtude de Cristo havemos de vencer o Mundo e o Demônio. Ele foi a Pedra que viu Zacarias, e sobre ela sete olhos, *super lapidem unum septem oculi,* que são os sete dons do Espírito Santo, o qual infundiu todo e descansou sobre Cristo. Ele foi a Pedra sobre que adormeceu Jacob, quando se lhe abriu o Céu e viu a escada; ele a Pedra sobre que sustentou os braços levantados de Moisés, quando venceu os exércitos de Amalec; ele finalmente a Pedra angular, a que uniu os dois povos gentílicos e judaico, e a Pedra fundamental e provada sobre que se fundaram na Lei antiga a Igreja de Sion e, na nova, a do mesmo Cristo. Esta Pedra pois foi a que, arrancada do monte, derrubou a estátua e desfez, os quatro Impérios dos Assírios, Persas, Gregos e Romanos, para fundar e levantar o seu sobre todos eles. Assim o dizem conformemente neste lugar não só todos os padres e expositores católicos, senão também os hereges e até mesmo rabinos, os quais acertam em dizer que nesta Pedra está profetizado o Reino do Messias, e erram somente em não crerem que o Messias é Cristo.

Diz Daniel que esta Pedra caiu de um alto monte, arrancada dele sem mãos. E este monte ou é o Céu e o seio do Eterno Padre, donde desceu Cristo quanto a Divindade, como interpreta Santo Ambrósio; ou é a nação hebraica, levantada naquele tempo como monte entre todas as outras nações do Mundo, da qual o Verbo se dignou tomar e unir a si a Humanidade, como explica Santo Agostinho; ou finalmente é a Virgem Maria, Senhora Nossa, sublimada como monte altíssimo sobre todas as criaturas, como a mais perfeita e excelente de todas.

Esta é a sentença comum e mais recebida dos Padres e expositores deste lugar, com a qual concorda admiravelmente a advertência de Daniel, que a pedra foi arrancada ou cortada do monte sem mãos: *Lapis abscissus de monte sine manibus;* porque, na geração temporal de Cristo, sendo verdadeiro homem, não tiveram parte mãos de homem: toda foi obra sobrenatural e divina, suprindo o Espírito Santo e a virtude do Altíssimo o que nela faltou de concurso humano. Assim o notou o mesmo Santo Agostinho, São Jerônimo, Santo Ireneu, São Júlio, Santo Epifânio, Teodoreto, Ruperto e muitos outros Padres.

Na segunda visão de Daniel ainda consta mais claramente e por termos mais expressos que este Império é o de Cristo. (...) *Et ecce* (diz o profeta) *cum nubibus caeli quasi filius hominis veniebat, et usque ad Antiquum dierum pervenit:* [...] *et dabit ei potestatem et honorem et regnum* (...), etc. De sorte que a pessoa a quem foi dado por Deus o Quinto Império de que Daniel fala neste lugar (como vimos) era o Filho do Homem. E que cousa há mais certa e freqüente no Evangelho que chamar-se Cristo Filho do Homem? (...) *Quem dicunt homines esse filium hominis? Vae autem homini illi per quem filius hominis tradetur! Tunc videbunt filium hominis venientem in nubibus caeli.* (...) Não repito os autores desta explicação, porque são todos e porque o texto é tão claro, que não há mister intérpretes. Só reparou Maldonado que não se chama Cristo neste lugar *Filho do Homem* absolutamente, sendo *quasi filius hominis,* para denotar o Profeta que entre este homem e os outros homens havia diferença: os outros são puros homens, Cristo é Homem e Deus juntamente. Assim que aquele *quasi* significa a falta de substância humana, posto que tão superiormente suprida com a divina como os outros homens, posto que tivesse a mesma natureza como eles, não lhe chama por isso o profeta *homem*, senão *quase homem — quasi filius hominis.* Quem havia de duvidar que em um *quasi* cabia uma distância infinita?

A terceira visão de Zacarias confirma ainda com maior propriedade ser Cristo o Senhor deste Império. Já dissemos que a coroa ou coroas que foram postas sobre a cabeça de Jesus, filho de Josedec, significavam o mesmo Império Quinto, profetizado por Daniel: e que seja Cristo o soberaníssimo Monarca que Zacarias viu coroar naquela figura, não só o confessa a Igreja Universal na aplicação deste lugar e a opinião comum de todos os padres e doutores, senão ainda muitos hebreus, que sem ódio escreveram antes de Cristo. (...) *Communis est Patrum sententia et multorum ex Hebraeis quibus accedit Chaldaeus sermonem hic esse de Messiah* (...), diz o doutíssimo Sanchez. De maneira que, na primeira visão, foi Cristo, significado com o nome comum e metafórico de *Pedra,* na segunda com o nome particular de *Filho do Homem,* na terceira com o nome propriíssimo de *Jesus, Jesus filii Josedeci:* e em todas estas três visões em que Deus revelou aos seus profetas a grandeza e majestade futura do Quinto Império, e os quatro a que ele devia de suceder, lhes mostrou e revelou também que o Senhor e o Monarca deste Império havia de ser Cristo.

Com muitos outros textos da Escritura pudéramos confirmar esta mesma conclusão, mas porque tudo o que havemos de dizer nesta história será uma continuada prova e confirmação dela, bastem os textos alegados, que são, como dizia, os fundamentais de toda ela.

Mas porque no princípio deste capítulo dissemos que o Quinto Império era o Império de Cristo e dos Cristãos, tornemos à segunda visão de Daniel, onde Deus, para consolação dos fiéis, quis que nos ficasse expressa e revelada esta tão gloriosa verdade.

Depois de referir Daniel como Deus Padre, a quem ele chama o *Antigo dos Dias,* dera ao Filho do Homem aquele novo Reino ou Império, perguntou o mesmo profeta a um dos Anjos que assistiam ao trono a significação das cousas que via, e ele lhe disse por três vezes que o Reino e Império que vira dar ao Filho do Homem era o Reino e Império que os santos do Altíssimo haviam de ter neste Mundo. No verso décimo oitavo daquele capítulo (que é o VII) diz assim: *Suscipient autem regnum Sancti Dei altissimi: et obtinebunt regnum usque in saeculum, et saeculum saeculorum.* E no verso vinte e dois: *Donec venit Antiquus dierum, et judicium dedit sanctis Ecxelsi, et tempus advenit, et regnum obtinuerunt sancti.* E no vinte e sete: *Regnum autem, et potestas, et magnitudo regni, quae est subter omne caelum, detur populo sanctorum Altissimi; cujus regnum, regnum sempiternum, est, et omnes reges servient ei et obedient.* Muitas cousas e muito grandes disse nestas palavras o Anjo, as quais ficam reservadas para se explicarem em seus lugares; por agora só nos serve (o que diz e repete tantas vezes o Anjo) que aquele mesmo Reino que o eterno Padre deu há de dar a seu filho Cristo é o Reino e o Império dos Santos, isto é, dos Cristãos. Assim o diz expressamente sobre estas palavras de Daniel o seu grande comentador Perério, chamando a este Quinto Império *Regnum Christi e Christianorum,* Reino de Cristo e dos Cristãos. (...) *Deinceps* (diz ele) *pugnandum nobis est cum Judaeis qui Christianis infensi infestique et iniquo animo ferentes, quae de illo quinto Regno tam praeclara et gloriosa praedixit Daniel, ea ad Regnum Christi et Christianorum accommodari* (...), etc.

E que, pelo nome de Santos, de que usa Daniel, se entendam e devam entender os Cristãos não é só explicação de intérpretes da Escritura, senão frase mui corrente e ordinária em toda ela. São Paulo, escrevendo aos Cristãos da cidade de Filipe, em Macedônia no título ou sobrescrito da carta diz assim: *Omnibus Sanctis in Christo qui sunt Philippis:* "A todos os Santos em Cristo que estão em Philippis". E escreveu aos Cristãos de Roma: *Omnibus qui sunt Romae, dilectis Dei, vocatis Sanctis.* E na mesma Epístola, exortando aos mesmos Romanos a que socorressem com suas esmolas aos Cristãos necessitados: *Necessitatibus Sanctorum communicantes.* E saudando aos Filipenses no fim da epístola citada, em nome de alguns cristãos que estavam em serviço do Imperador, que então era Nero: *Salutant vos omnes Sancti maxime autem qui de Caesaris domo sunt:* "Saúdam-vos (diz), todos os Santos, e principalmente os que estão em casa de César". Finalmente este era o ordinário modo de falar da primitiva Igreja, e assim lemos no capítulo nove dos *Atos dos Apóstolos,* que usou da mesma frase Ananias, representando Cristo os grandes males que Saulo tinha feito contra os Cristãos: *Quanta mala Sanctis tuis fecerit.* E a este uso se chamaram as igrejas dos Cristãos *igrajas dos Santos,* conforme o texto da Epístola *ad Corinthios: In ecclesiis Sanctorum doceo.*

A razão deste nome é tomada da santidade da Lei de Cristo que professam os Cristãos, os quais, assim como de Cristo se chamavam Cristãos assim, da Lei santa de Cristo se chamaram *santos.* E este é o sentido em que Daniel e o Anjo falaram naquela visão chamando a Cristo Filho do Homem, com a mesma frase com que depois se nomeou a Cristo, e chamando ao Reino dos Cristãos *Reino dos Santos,* com a mesma frase com que depois se nomearam os Cristãos, bem assim como já antes de Daniel o tinha profetizado com o mesmo espírito Isaías: *Et vocabunt eos populus sanctus, redempti a Domino.* E aquele povo remido por Deus será chamado publicamente *Povo Santo,* que é em próprios termos o que depois se viu na Igreja e o que diz aqui o Anjo: *Regnum autem et potestas detur populo sanctorum.* E ambos estes nomes e as etimologias deles compreendeu São Paulo no princípio da *Epístola aos Romanos,* em que lhe chama *Vocatis Jesu Christi et vocatis Sanctis:* "Chamados de Jesus Cristo e chamados santos".(*)

(*) O organizador deste volume escolheu o Cap. Primeiro do Livro II, da *História do Futuro,* por considerá-lo "o que" melhor define esta obra de Pe. Antônio Vieira. Na transcrição que seguimos, recorremos à edição organizada por Maria Leonor Carvalhão Buescu (ed. Imprensa Nacional/ Casa da Moeda, Lisboa, 1982), que reproduz, além do *"Projeto da História do Futuro,* o "Livro anteprimeiro", com 13 capítulos, e os "Livros Primeiro e Segundo", com 7 capítulos, o último dos quais inacabado.

V

A vida e a obra do Padre Antônio Vieira

1608, 6 de abril: Nasce em Lisboa, filho de Cristóvão Vieira Ravasco e Maria de Azevedo.

1614: Viaja para o Brasil com a família, quando o pai teve confirmado um lugar na Relação da Bahia. No tempo, viviam na capital do Brasil cerca de 3.000 portugueses, 8.000 índios e 3 a 4.000 escravos africanos.

1623, 5 de maio: Entra no Colégio dos Jesuítas, como noviço, em São Salvador da Bahia. O reitor é o Pe. Fernão Cardim, homem notável.

1624: Os holandeses conquistam a cidade de Salvador e cerca de 15.000 habitantes fogem com os jesuítas, para o interior. Vieira permanece numa aldeia de índios, durante os 12 meses em que as tropas de Willeken permaneceram na cidade, até que foram expulsos.

1625, 30 de maio: Os holandeses rendem-se, em São Salvador, e retiram-se.

1626: Antônio Vieira inicia o seu ofício de redator, escrevendo as *Cartas Ânuas* dos dois anos anteriores sobre as atividades da Companhia de Jesus no Brasil (existem autógrafos de 21 de novembro e de 1° de dezembro).

1627: Dá aulas de Retórica, no Colégio de Olinda.

1634, 10 de dezembro: É ordenado Presbítero e celebra a 1ª missa três dias depois.

– *Neste mesmo ano* prega o "Sermão de S. Sebastião", tido por alguns como contestador do "sebastianismo", embora não haja nenhuma frase concreta a tal respeito. Não obstante, é freqüente referir-se este Sermão, já que anos mais tarde o Padre Antônio Vieira torna-se um dos principais advogados dos princípios "sebastianistas" – do rei D. Sebastião e não de S. Sebastião.

– Em *16 de abril,* os navios de Maurício de Nassau chegam à baía de Salvador, mas encontram decidida resistência e voltam atrás.

1640, 13 de junho: Vieira prega, na igreja de Nossa Senhora da Ajuda, o histórico "Sermão pelo Bom Sucesso das Armas de Portugal contra as da Holanda".

1641, 6 de janeiro: Na igreja do Colégio dos Jesuítas, prega um sermão de ação de graças pelas vitórias sobre os holandeses, nos últimos meses de 1640.

– Em *15 de fevereiro* – chega à Bahia uma caravela trazendo a notícia de que Portugal voltara a ser uma nação independente, por obra e graça da revolução de 1° de dezembro de 1640 contra o domínio espanhol. D. João IV era o novo rei de Portugal liberto do domínio de Castela, que submetera não só Portugal mas também o Ultramar então portugueses, desde 1580 a 1640.

– Em *27 de fevereiro* – Antônio Vieira embarca com a delegação que de Salvador ruma para Lisboa, afim de confirmar que o Brasil reconhece D. João IV como rei de Portugal, Brasil e de todos territórios ultramarinos portugueses. Fazem também parte da missão o jesuíta Pe. Simão de Vasconcelos, além de D. Fernando de Mascarenhas, filho do Marquês de Montalvão e Vice-Rei do Brasil.

A caravela aporta a Peniche no dia 28 de abril, mas os três delegados são presos, sob suspeita de que eram espiões de Castela. O equívoco é desfeito e a missão segue para Lisboa, distante cerca de 50 km.

– Em *30 de abril* – Vieira viaja para Roma, incluído noutra missão em defesa da independência de Portugal, mas o Papa não recebe os delegados, receando os protestos da Espanha, que não se conformava com a autonomia dos portugueses.

1642, 1º de janeiro: Vieira prega, pela 1ª vez, na Capela Real, em Lisboa, deixando favoravelmente impressionados os que escutaram o "Sermão dos Bons Anos".

– Em *setembro:* Prega o chamado "Sermão de Santo Antônio" – pregará outros invocando o santo nascido em Lisboa –, oportunidade em que reclama dos nobres e do clero apoio para a campanha da Restauração de Portugal.

1643, 23 de setembro: Derrota final dos holandeses no Maranhão, estando as forças libertadoras sob o comando de André Vidal.

1644: Nomeado Pregador Régio, vai de novo a Roma, em embaixada sob a chefia do Pe. Nicolau Monteiro, mas a embaixada regressa em janeiro em 1646 sem ter conseguido avistar-se com o Papa.

1646: O Pe. Vieira parte em missão secreta de D. João IV: na França, tenta acertar o casamento do Príncipe D. Teodósio, filho do rei D. João IV, com a filha do Duque de Orleans, Mademoiselle Montpensier, após o qual aliados à França, os portugueses poderiam enfrentar em melhores condições os inconformados espanhóis. D. João IV chegara a admitir a hipótese de se tornar o rei de um Brasil independente, deixando a regência ao Duque de Orleans enquanto durasse a menoridade do Príncipe Teodósio. E, na Holanda, o padre-diplomata deveria achar as bases da paz, mas ambas as diligências se frustraram. Voltou em agosto a Lisboa.

1647: Outra viagem a Paris e Haia, mas o barco é aprisionado pelos corsários e o Pe. Vieira, depois de algumas peripécias, chega à Inglaterra, seguindo finalmente para Paris, onde é recebido pelo Cardeal Mazarine e pela Rainha Regente da França, mas as suas propostas de alianças não são aceitas.

Em Haia, onde se desloca em seguida, também não consegue a retirada dos holandeses de Pernambuco, limitando-se a comprar a fragata "Fortuna" e outros barcos, assim como mantimentos e munições. Em 31 de agosto do ano seguinte, desembarca em Lisboa.

1649: Em *19 de janeiro* o jesuíta Martim Leitão faz ao Santo Ofício a denúncia de "desvios" do Pe. Vieira, em matéria teológica.

Para Vieira, o ano destaca-se por ser o do início do projeto das suas considerações para a *História do Futuro.*

É também neste ano que, por sugestão de Vieira, é fundada a Companhia de Comércio do Brasil, de cujos proventos se esperava o financiamento da luta contra Castela.

1650: Viaja novamente para Roma, mas com o propósito de tentar acertar o casamento de D. Teodósio, agora com a filha do rei de Espanha, D. Maria Teresa de Áustria, mas nada consegue e regressa.

1652: Em *22 de novembro,* Vieira embarca para o Brasil, considerando-se inexplicável esta viagem.

1653: Chega ao Maranhão, em *16 de janeiro,* e em 22 de maio prega o Sermão do 1º Domingo da Quaresma, em São Luís, conhecido por "Sermão dos Escravos": "Sabeis, cristãos, sabeis nobreza e povo do Maranhão, qual é o jejum que quer Deus de vós esta Quaresma? Que solteis as ataduras da injustiça, e que deixeis ir livres os que tendes cativos e oprimidos."

– Em *20 de maio*, escreve do Maranhão ao rei D. João IV, assumindo mais uma vez a liberdade dos índios: "Os índios, uns são gentios que vivem nos sertões, infinitos no número e diversidade de línguas; outros são pela maior parte cristãos, que vivem entre os portugueses". E enquanto uns são livres, em suas aldeias, outros que vivem entre os portugueses, continuam em parte livres e noutra parte cativos.

Queixa-se Vieira da falta de padres para doutrinar e batizar os índios: "O remédio que V.M., senhor, e os senhores reis antecessores de V.M. procuraram dar a esta tirania, foi mandar totalmente cerrar os sertões, e proibir que não houvesse resgates, e declarar por livres a todos os já esgatados de qualquer modo que o fossem."

Denunciando os abusos das autoridades, acentua o Pe. Vieira: "Os índios, que moram em suas aldeias com títulos de livres, são muito mais cativos que os que moram nas casas particulares dos portugueses, só com uma diferença, que cada três anos têm novo senhor, que é o governador ou capitão-mor que vem a estas partes, o qual se serve deles como de seus e os trata como alheios." (...)

1654: Fica até este ano no Maranhão, onde prega, na matriz de S. Luís, sobre a verdade e a mentira, criticando os maranhenses mentirosos, ainda que em todas as outras partes também se minta. E recomenda: "Façamos hoje uma muito firme e muito verdadeira resolução de não haver paixão nenhuma, nem respeito, nem interesse, que vos faça torcer, nem faltar um ponto à verdade." (...)

Logo a seguir, chegam de Lisboa os Procuradores do Estado que trazem instruções para reduzir as liberdades que Vieira tanto solicitara ao Rei para os índios.

Desiludido, o Padre Antônio Vieira prega o chamado "Sermão aos Peixes", dedicado a Santo Antônio, em São

Luís, pouco antes de reembarcar secretamente para Lisboa. Repete Vieira o gesto do santo de Lisboa que, ao verse sozinho, também pregou aos peixes.

Consola-se o pregador: "Ao menos têm os peixes duas boas qualidades de ouvintes: ouvem e não falam.", antes de recordar que os peixes são o sal da terra – "e Jesus Cristo chama-lhe sal da terra, porque quer que façam na terra, o que faz o sal. O efeito do sal é impedir a corrupção, mas quando a terra se vê tão corrupta como está a nossa, havendo tantos nela que têm ofício de sal, qual será, ou qual pode ser a causa da corrupção?" As alegorias são claras, como esta conclusão de Vieira: "Outra cousa muito geral, que não tanto me desedifica, quanto me lastima, em muitos de vós, é aquela tão notável ignorância e cegueira que em todas as viagens experimentam os que navegam para estas partes."

1655: Uma grande alegria para o pregador: consegue que seja nomeado para Governador do Pará e Maranhão um homem sério, André Vidal.

– Faz outros sermões em que fustiga a corrupção administrativa, com relevo para o "Sermão da Sexagésima, sobre a palavra de Deus", com o qual abre o 1º volume dos seus Sermões e admoesta certos pregadores: "Entre os semeadores do Evangelho há uns que saem a semear, há outros que semeiam sem sair." Previne que "as palavras ouvem-se, as obras vêem-se". E condena: "Uma das felicidades que se contava entre as do tempo presente, era acabarem-se as comédias em Portugal; mas não foi assim. Não se acabaram, mudaram-se; passaram-se do teatro do púlpito."

– Em *abril de 1655* regressa ao Brasil, onde missionará entre os índios, cuja evangelização lhe é entregue, tarefa de que se ocupará de corpo e alma, até 1661, viajando incansavelmente através da Amazônia, costeando o Maranhão, o Pará e a Bahia, além de percorrer a serra do Ibiapaba e outras regiões do Interior.

1656: Com a morte do rei D. João IV (6 de novembro), perde influência na Corte.

1659: Em carta ao jesuíta André Fernandes, Bispo do Japão, datada de 2 de abril, explica de certo modo, o que pensa do Sebastianismo: "Resumindo pois tudo a um silogismo fundamental, digo assim: *O Bandarra é verdadeiro profeta; o Bandarra profetizou que El-rei D. João o Quarto há de obrar muitas cousas que ainda não obrou, nem pode obrar senão ressuscitando: logo El-rei D. João o Quarto há de ressuscitar*". Ao mesmo enviara e enviará outras cartas sobre o tema, incluindo o livro manuscrito *Esperanças de Portugal.*

1660: O Pe. André Fernandes é intimado pela Inquisição a apresentar o texto *Esperanças de Portugal* e, sem tardar, o Pe. Nuno Viegas opina que é preciso "mandá-lo recolher e sepultar para sempre".

Reitera a defesa dos índios em carta de 4 de dezembro ao rei D. Afonso VI.

1661: Primeiro, os maranhenses e, depois, os paraenses insurgem-se contra os jesuítas por causa da escravização dos índios.

– Os colonos expulsam o Pe. Vieira do Brasil, que embarca em 8 de setembro e chega a Lisboa em novembro.

1662: No Sermão da Epifania, na Capela Real de Lisboa, o Pe. Vieira insiste, na presença da Rainha e Regente, D. Luísa de Gusmão, e de D. Afonso, rei de menor idade: "Quem havia de crer, que um uma colônia chamada de Portugueses se visse a Igreja sem obediência, as censuras sem temer, o sacerdócio sem respeito, e as pessoas e lugares sagrados sem imunidade?" E lembra que estão desprotegidos os "gentios e novos cristãos das conquistas, em respeito ainda dos mesmos vassalos portugueses e muito me espanto que haja quem a ignore", isto é quem ignore a obrigação de Portugal.

– O Pe. Antônio Vieira escreve, em Lisboa, a *Resposta aos capítulos que deu contra os Religiosos da Companhia o Procurador do Maranhão Jorge Sampaio,* que criticara a ação dos jesuítas e os expulsara do território.

– Em *julho,* o pregador é acusado de conspirar contra D. Afonso VI, em favor de seu irmão, o Príncipe D. Pedro – que mais tarde viria a ser o rei D. Pedro II – e é desterrado para o Porto.

1663: Após *6 meses* na cidade do Porto, o desterrado é transferido para Coimbra.

– Tenta voltar ao Brasil, mas é impedido de o fazer.

– Em *21 de julho,* o Santo Ofício começa a interrogar Vieira.

1665: É encarcerado no dia 1° de outubro, pela Inquisição.

O Pe. Manuel Ferreira, Administrador-Geral do Provimento da Fronteira da Beira, denuncia o Pe. Vieira por mais desvios teológicos.

1666: Outra denúncia pelo mesmo motivo, desta vez feita pelo médico Fernando Saldanha.

1667: Apesar do afastamento do trono do rei D. Afonso VI, substituído (como regente) pelo seu irmão D. Pedro, nada muda em relação ao Pe. Vieira, que no dia 23 de dezembro, por sentença do tribunal do Santo Ofício, "é privado para sempre de voz ativa e passiva e do poder de pregar, e recluso no Colégio ou Casa de sua Religião, que o Santo Ofício lhe ordenar, e de onde, sem ordem sua, não sairá." Os inquisidores ainda receiam o combatente.

1668: Após a deposição oficial de D. Afonso VI, o irmão D.

Pedro II é entronizado como Rei; em 12 de junho o Pe. Antônio Vieira vê anulada a sentença, mas, no caso das matérias em que foi incriminado pela Inquisição, o pregador não poderá abordá-las. Quer dizer, não pode voltar ao comentário dos "desvios" teológicos de que foi acusado.

– Em *28 de junho*, faz um sermão na Capela Real, na oportunidade do aniversário da Rainha, D. Luísa de Gusmão – viúva do rei D. João IV –, mas a Corte continua a mantê-lo no ostracismo.

1669: Prega, em Lisboa, o "Sermão de Santo Inácio" – aquele "que nunca teve dois rostos, quanto mais tantos."

– Em *agosto*, obtém autorização e vai para Roma, onde inicia a batalha contra os excessos da Inquisição. Solicita ao Vaticano a canonização dos "40 mártires do Brasil", assassinados no mar das Canárias.

1671: Prega em Roma, em língua portuguesa.

1672: Prega em italiano, em Roma, e alcança grande sucesso entre os fiéis que o escutam.

1675: A Santa Sé anula o processo do Santo Ofício contra Vieira e considera-o "perpetuamente isento da jurisdição inquisitorial".

– Em *agosto* desembarca em Lisboa, mas a Corte desinteressa-se dele, receando as suas posições políticas, nomeadamente a defesa dos cristãos-novos.

1676: O breve pontifício *Cum Dilecti* aceita os recursos dos cristãos-novos à Santa Sé, até aí julgados somente pela Inquisição.

– É divulgado também neste ano o breve pontifício *Religiosum Animum*, endereçado ao Príncipe Regente de Portugal, dando ao pregador português a possibilidade de advogar as causas da Religião.

1679: São publicadas as duas primeiras edições dos Sermões. Recusa ser o confessor da Rainha da Suécia.

1680: Sai em abril a lei que protege os índios do Brasil, tão insistentemente reclamada por Vieira.

– Reembarca com destino à Bahia em 27 de janeiro e vai viver no bairro do Tanque, no subúrbio de Salvador, onde organiza as suas obras para publicação.

1688: Assume o cargo de Visitador dos Jesuítas no Brasil, em *maio*. Fica no posto até 1691.

– Em *12 de abril*, escreve ao Bispo de Olinda e Governador provisório de Pernambuco, D. Matias de Figueiredo e Melo, pedindo perdão pela desobediência de dois jesuítas que acolheram um militar fanfarrão fugido à Justiça, mas não foi atendido, apesar das relações de amizade entre Vieira e D. Matias, já que o então Visitador dos Jesuítas chegou a recomendar D. Matias para o cargo de Arcebispo da Bahia.

1697: Vai cuidando da publicação dos sucessivos volumes dos Sermões. Em 1694 dera uma queda que o impediu de quase todos os movimentos, inclusive os de escrever. E por isso deixou de redigir cartas, a não ser em raros momentos, ditando a outros as suas mensagens, a última das quais foi endereçada em *10 de julho de 1697* – oito dias antes de morrer – ao Pe. Sebastião de Matos e Sousa, que lhe escrevera. Queixando-se dos achaques, perdera a vista durante alguns dias, "de sorte que nenhuma letra, por grande que seja, nem a dos títulos dos livros posso ver, e juntamente, tendo já mui debilitado o uso de ouvir, o perdi também, de modo que apenas posso entender o que os outros me dizem."

Nem por isso se desinteressara: "Das cousas públicas não digo a V. M. mais que ser o Brasil hoje um retrato e espelho de Portugal, em tudo o que V.M. me diz dos aparatos de guerra sem gente nem dinheiro, das searas dos vícios sem emenda, do infinito luxo sem cabedal, e de todas as outras contradições do juízo humano." Referia a discordância entre os mercadores e os senhores de engenho, esperando que baixasse o preço do açúcar e o de "outras cousas; mas é manifesta injustiça que, crescendo as de lá e as de Angola cento por cento mais, se queira no mesmo tempo que toda a baixa das drogas seja do Brasil". Erros de ambos os lados: "de cá escrevem-se mentiras e de lá responde-se com lisonjas".

Transferido do bairro do Tanque, onde passara os últimos anos, para a cidade de São Salvador da Bahia, aqui morreu. Sentiu-se mal no dia 13 de julho, mas, no quinto dia, pela uma hora da noite, expirou. Era já o dia 18 de julho. Conta o seu principal biógrafo, o historiador João Lúcio de Azevedo, que em 1720 foram extraídos da sepultura os restos mortais de Antônio Vieira, na igreja do Colégio dos Jesuítas, em São Salvador, tendo-se então observado que "a parte côncava do crânio era semeada de partículas brilhantes, como de metal, em que a luz faíscava". E pergunta o biógrafo: quantas vezes a ilusão pessoal e a lenda seqüente melhor representam a verdade histórica do que a mesma realidade?"

Bibliografia

AZEVEDO, J. Lúcio. História de Antônio Vieira. 3. ed. Lisboa, Clássica Editorial, 1992.

MENDES, João. Padre Antônio Vieira. slp., Editoral Verbo, 1972.

SARAIVA, Antônio José. O Discurso Engenhoso. São Paulo, Perspectiva, 1980.

VIEIRA, Pe. Antônio. Cartas. Coord. J. Lúcio de Azevedo. Lisboa, Imprensa Nacional – Casa da Moeda, 1997.

Notas Biobibliográficas de João Alves das Neves

Com livros publicados sobre temas literários, históricos e de comunicação social, João Alves das Neves, após demorada passagem pelo jornalismo, como editorialista de *O Estado de S. Paulo,* fundador e diretor de revistas culturais e colaborador da imprensa portuguesa e brasileira, tem-se dedicado nos últimos anos ao ensino (é professor da Faculdade de Comunicação Social Cásper Líbero) e à literatura.

Com mais de duas dezenas de livros editados, vem dedicando especial atenção ao estudo da obra pessoana (é presidente do Centro de Estudos Americanos Fernando Pessoa), acerca da qual já escreveu diversos volumes nomeadamente as *Poesias Ocultistas* (Aquariana) do criador dos heterônimos, já com várias edições, e *Comboio, Saudades, Caracóis* (em 7ª edição, recolha de poemas de Fernando Pessoa para crianças).

Entre outros dos seus principais livros, assinalam-se volumes sobre Contistas Portugueses e Brasileiros (incluindo Machado de Assis e Graciliano Ramos), Mário de Sá Carneiro, *A Fabulosa Peregrinação de Fernão Mendes Pinto* (adaptação do clássico para os jovens), *O Movimento Futurista em Portugal, Pedro Álvares Cabral, descobridor do Brasil, História breve da Imprensa de Língua Portuguesa no Mundo, As Relações Literárias de Portugal com o Brasil* (1° de uma série de 3 volumes), etc.

Depois de publicar *Antônio Vieira, o Profeta do Novo Mundo,* o escritor João Alves das Neves prepara *Os Sebastianistas no Brasil* e *Poemas de Amor de Florbela Espanca,* além de outros trabalhos sobre Fernando Pessoa. Dirige as revistas culturais *Comunidades de Língua Portuguesa* (no Brasil) e *Arganilia* (em Portugal).

e estes da *EDITORA AQUARIANA*

- **O Buraco Branco no Tempo,** Peter Russel
- **Conversações Esotéricas,** Vicente B. Anglada
- **A Dança da Mutação,** Michael Lindfield
- **Decida-se,** Robert Muller
- **Estação Desembarque,** José E. Bologna
- **E... O Ancião Falou,** Antón P. de Léon Paiva
- **Magia Organizada Planetária,** Vicente B. Anglada
- **Os Mistérios de Shamballa,** Vicente B. Anglada
- **O Nascimento de uma Civilização Global,** Robert Muller
- **O Princípio da Totalidade,** Anna Lemkow
- **Poesias Ocultistas,** Fernando Pessoa

FLORAIS

- **Afirmações para os Florais de Bach,** Hugh Mac Pherson
- **O Caminho das Flores (Florais de Minas),** Olinto J. Neto
- **Crescendo com os Florais de Bach,** Judy Howard
- **Criatividade e Espiritualidade - Seguindos os Passos da Profecia Celestina (Florais de Minas),** Breno Marques e Ednamara Marques
- **Essências Florais de Minas,** Breno e Ednamara Marques
- **Essências Florais do Alasca,** Steve M. Johnson
- **Essências Florais Francesas,** Philippe Deroide
- **Essências Florais e Marinhas do Pacífico,** Sabina Pettitt
- **Padrões de Energia Vital (Bach),** Julian Barnard
- **As Qualidades Positivas dos Florais de Bach,** Hugh Mac Pherson
- **Repertório das Essências Florais de Minas,** Breno Marques e Ednamara Marques

TORKOM SARAYDARIAN

- **O Ano 2000 e Depois**
- **Avanço para o Psiquismo Superior**
- **A Carruagem Flamejante e as Drogas**
- **Energia Psíquica**
- **Irritação - O Fogo Destruidor**
- **A Psicologia da Cooperação e da Consciência Grupal**
- **O Senso de Responsabilidade na Sociedade**
- **O Viajante Questionador e o Karma**

Impresso nas oficinas da
Gráfica Palas Athena